Der Brief an die

HEBRÄER

von David Guzik

Das Gras ist verdorrt, die Blume ist verwelkt.
Aber das Wort unseres Gottes besteht in Ewigkeit
Jesaja 40,8

Der Brief an die Hebräer

Copyright ©2010 by David Guzik

Übersetzerin: Tanja Menn

Printed in the United States of America
or in the United Kingdom

ISBN 978-3-934957-08-4

Enduring Word Media

USA
5305 Woodbury
Ventura, CA 93003

Europe
Calvary Chapel Bibelschule
Eiserfelder Strasse 275
57080 Siegen
GERMANY
+49 (0)271 23 87 99 88

E-Mail: ewm@enduringword.com

Internet: www.enduringword.com

Inhaltsangabe

Widmung:
Der Gemeinde und
den Mitarbeitern der
Calvary Chapel in Siegen.

Hebräer 1 - Ein über alles erhabener Erretter

A. Jesus, der über alles erhabene Erretter.

1. (1-2a) Die Offenbarung Jesu war erhabener als die der Propheten des Alten Testaments.

Nachdem Gott in vergangenen Zeiten vielfältig und auf vielerlei Weise zu den Vätern geredet hat durch die Propheten, hat er in diesen letzten Tagen zu uns geredet durch den Sohn.

a. **Gott**: Der Hebräerbrief beginnt ohne die Nennung des Autors, nur **Gott** wird erwähnt. Der menschliche Autor des Hebräerbriefs bleibt unbekannt, aber es wird deutlich, dass das Buch durch den Heiligen Geist eingegeben ist.

i. Die früheste Aussage über den Verfasser des Hebräerbriefs stammt von Clemens von Alexandrien. Er sagte, Paulus habe ihn auf hebräisch geschrieben und Lukas ihn ins Griechische übersetzt (Eusebius, History 6.14.2). Weit verbreitet ist die Auffassung, der Apostel Paulus habe den Hebräerbrief geschrieben, aber darauf verzichtet, seinen Namen zu erwähnen, da die Empfänger des Briefes ihn kannten (Hinweise darauf finden sich in Hebräer 13,18-19 und 13, 23-24).

ii. Trotzdem glauben viele Ausleger nicht, dass Paulus der Autor dieses Briefes ist. Dods zitiert dazu Farrar: „Der Verfasser klingt ganz anders als Paulus; er schreibt anders, argumentiert anders, konstruiert Sätze und Satzverbindungen anders, seine Briefe sind ganz anders aufgebaut. Er schreibt im Stil eines Mannes, der sowohl auf griechisch denkt als auch schreibt, Paulus hingegen schrieb auf griechisch, dachte aber auf syrisch".

iii. F.F. Bruce zitiert in dieser Frage Calvin: „Die Art des Lehrens und der Stil zeigen hinreichend auf, dass Paulus nicht der Autor ist. Der Verfasser bekennt im zweiten Kapitel (Hebräer 2,3), dass er einer der

Jünger der Apostel war. Diese Aussage unterscheidet sich grundlegend von der Art und Weise, wie Paulus sich normalerweise in seinen Briefen vorstellte".

iv. Der frühgeschichtliche Ausleger Tertullian (er schrieb Anfang des 2. Jahrhunderts) behauptete, Barnabas habe den Hebräerbrief geschrieben, aber er führte außer den Hinweisen, dass Barnabas Levit (Apostelgeschichte 4,36) und ein „Sohn des Trostes" (Apostelgeschichte 4,36) war, keine Argumente für seine Meinung an.

v. Martin Luther glaubte, Apollos habe den Hebräerbrief geschrieben, da in der Apostelgeschichte deutlich wird, dass Apollos wortgewandt war und sich im Alten Testament sehr gut auskannte (Apostelgeschichte 18,24).

vi. Der deutsche Theologe Adolf Harnack dachte, Priscilla habe den Hebräerbrief (zusammen mit ihrem Ehemann Aquilla) geschrieben. Als Autorin sei sie aber nicht erwähnt worden, um die Tatsache zu verbergen, dass eine Frau den Brief verfasste. Dies hätte sicherlich zu Streitigkeiten und Auseinandersetzungen geführt. Es ist allerdings unwahrscheinlich, dass eine Frau den Brief schrieb, weil man im Griechischen an verschiedenen Wortendungen erkennen kann, welches Geschlecht eine Person hat. Die Aussagen des Verfassers über sich selbst (Hebräer 11,32) zeigen auf, dass es sich um einen männlichen Schreiber handelt.

viii Egal, wer der menschliche Autor des Hebräerbriefs ist, es gibt Hinweise darauf, dass der Brief relativ früh, vermutlich zwischen 67 und 69 nach Christus, geschrieben wurde. Der Bezug auf Timotheus (Hebräer 13,23) weist darauf hin. Auch der fehlende Hinweis auf die Verfolgung der Christen (Hebräer 12,4) lässt darauf schließen, dass der Brief relativ früh verfasst wurde. Auch das Fehlen von Hinweisen auf die Zerstörung des Tempels lässt darauf schließen, dass der Hebräerbrief vor dem Jahr 70 nach Christus verfasst wurde, dem Jahr also, in dem Jerusalem und der zweite Tempel zerstört wurden. Da der Verfasser des Hebräerbriefs so deutlich auf das Ende des Alten Bundes hinweist, wäre es unwahrscheinlich, die Zerstörung des Tempels unerwähnt zu lassen, wenn sie sich schon vor dem Schreiben des Briefes ereignet hätte.

b. **Gott**: So beginnt das Buch. Es wird kein Versuch unternommen, die Existenz Gottes zu beweisen; Die Schrift nimmt an, dass wir wissen, dass Gott existiert, dass wir einige seiner Charakterzüge durch die Schöpfung (Psalm 19,1-4 und Römer 1,20) kennen und wissen, dass er zu Menschen spricht.

c. **Nachdem Gott in vergangenen Zeiten vielfältig und auf vielerlei Weise geredet hat**: Die Offenbarung durch die Propheten geschah auf

vielerlei Weise - manchmal durch Gleichnisse, historische Erzählungen, Konfrontationen der Propheten mit den politischen Führern des Volkes, dramatische Präsentationen, Psalmen, Sprüche und ähnliches.

i. Gott sprach im Alten Testament auf vielerlei Weise.

- Er sprach zu Mose durch einen brennenden Busch (2.Mose 3).

- Er sprach zu Elia in einem sanften Säuseln (1.Könige 19).

- Er sprach zu Jesaja in einer himmlischen Vision (Jesaja 6).

- Er sprach zu Hosea durch seine Familiensituation (Hosea 1,2).

- Er sprach zu Amos durch einen Obstkorb (Amos 8,1).

ii. Die Kernaussage dieses Abschnitts ist, dass Gott durch die *Propheten* in vielerlei Weise zu den *Vätern* geredet hat, nicht, dass Gott in vielerlei Weise zu den Propheten sprach (obwohl das natürlich auch richtig ist).

iii. Wenn wir die Bestandteile des Lichts als Illustration verwenden, können wir sagen, dass Gott im Alten Testament durch ein Spektrum sprach; Jesus ist das Prisma, das diese Lichtbündel sammelt und sie zu einem reinen Strahl bündelt.

iv. Der Hebräerbrief verweist oft auf das Alte Testament. Dieser Brief ist tief im Alten Testament verwurzelt. Er enthält 29 Zitate (des Alten Testaments) und 53 Hinweise (auf den ersten Teil der Heiligen Schrift), insgesamt also 82 Bezüge. Bedeutsam ist, dass der Hebräerbrief nicht ein einziges Mal auf die apokryphischen Bücher hinweist.

d. **In diesen letzten Tagen**: Dieser Ausdruck bezieht sich auf das Zeitalter des Messias. Es mag ein langer Zeitabschnitt sein, aber es ist der **letzte**.

e. **Zu uns geredet**: Dies ist die erste allgemeine Erwähnung der Leser, sie werden aber nicht eindeutig identifiziert. Der Kontext des Werks macht allerdings deutlich, dass es sich um einen Brief (vielleicht aber auch eine Predigt oder ein Essay) handelt, der an jüdische Christen im ersten Jahrhundert geschrieben wurde.

i. Die Struktur des Hebräerbriefs unterscheidet sich von anderen Büchern des Neuen Testaments. Er beginnt wie ein Essay, wird dann zur Predigt und endet wie ein Brief.

ii. Der Brief wurde für Christen mit jüdischem Hintergrund, zugleich aber auch für Leser mit griechischer Prägung geschrieben. Das erkennt man daran, dass der Brief Jesus als absolute Realität erklärt. Diese Art und Weise, über Jesus nachzudenken, erklärt all denen den Erretter, die von den griechischen Philosophen beeinflusst waren.

iii. Der Hebräerbrief bestärkt entmutigte Christen dazu, voller Entschlossenheit mit Jesus zu leben, im Licht der vollkommenen Überlegenheit dessen, der er ist und was er für uns getan hat.

f. **Geredet durch seinen Sohn**: Jesus *überbrachte* nicht in erster Linie eine Botschaft des Vaters, er *ist* die Botschaft des Vaters. Jesus ist daher weit mehr ist als der letzte oder beste Prophet. Er offenbart etwas, dass kein anderer Prophet hätte offenbaren können.

i. Die Offenbarung Jesu war einzigartig, weil sie nicht nur die Botschaft Gottes war (wie das auch bei jedem anderen inspirierten Verfasser biblischer Schriften der Fall war), sondern weil sie gleichzeitig auch durch die *Persönlichkeit* Gottes gegeben wurde. Die *Persönlichkeiten* von Paulus, Petrus, Johannes und anderen biblischen Autoren kommen in ihren Schriften deutlich. Aber in der Offenbarung Jesu sehen wir die *Persönlichkeit Gottes*.

ii. Im Hebräerbrief spricht Jesus (größtenteils) nicht über sich selbst. In gewisser Weise spricht im Hebräerbrief nicht der Sohn, sondern der Vater über den Sohn. Gott der Vater erklärt, wer Gott der Sohn ist. „Wenn der Mensch nicht durch den Sohn über Gott lernt, würden auch keine prophetischen Stimmen oder Handlungen diesen überzeugen". (Guthrie)

2. (2b-3) Eine siebenfaltige Beschreibung des herrlichen Sohnes.

Ihn hat er eingesetzt zum Erben von allem, durch ihn hat er auch die Weltzeiten geschaffen; dieser ist die Ausstrahlung seiner Herrlichkeit und der Ausdruck seines Wesens und trägt alle Dinge durch das Wort seiner Kraft; Er hat sich, nachdem er die Reinigung von unseren Sünden durch sich selbst vollbracht hat, zur Rechten der Majestät in der Höhe gesetzt.

a. **Erbe von allem**: So beginnt ein wunderbarer Teil der Schrift, der Jesus beschreibt. Zuerst ist er der **Erbe von allem**. Hier wird deutlich, wie herausragend und unübertroffen Jesus ist. Das finden wir bestätigt in der Aussage, dass Jesus als Erstgeborener über aller Schöpfung steht (Kolosser 1,15).

b. **Er hat die Weltzeiten geschaffen**: Das griechische Wort, das hier mit „Weltzeiten" übersetzt wird, ist *aion*. Es verdeutlicht, dass Jesus mehr tat, als nur die materielle Welt zu schaffen. Er schuf auch die Zeitalter – Die Zeitalter der Geschichte selbst sind die Schöpfung des Sohnes Gottes.

c. **Die Ausstrahlung seiner Herrlichkeit**: Jesus ist die **Ausstrahlung der Herrlichkeit** des Vaters. Das griechische Wort für Ausstrahlung ist *apaugasma* und beschreibt die Strahlung des Lichts, die von der Lichtquelle ausgeht.

i. Jesus ist der „Strahl" der Herrlichkeit Gottes. Wir sehen nicht die Lichtquelle selbst, sondern nur die Strahlen, die uns erreichen. Genauso haben wir noch nie Gott den Vater gesehen, aber wir sehen ihn durch die „Strahlen" des Sohnes Gottes.

ii. Der griechische Philosoph Philo gebrauchte das Wort *apaugasma* um das „Logos" zu beschreiben: Das Wesen oder den intelligenten Verstand, der das Universum geordnet hat. Der Verfasser des Hebräerbriefs erklärte Jesus mit Hilfe von Ausdrücken, die sowohl für die Juden des ersten Jahrhunderts als auch für die, welche die griechischen Philosophen kannten, verständlich waren.

d. **Der Ausdruck seines Wesens**: Diese Worte beschreiben ein genaues Ebenbild wie es von einem Stempel erzeugt wird. Jesus repräsentiert Gott ganz exakt, bis ins kleinste Detail.

e. **Trägt alle Dinge durch das Wort seiner Kraft**: Das Wort, das hier mit „tragen" übersetzt wird, sollte genauer mit dem Wort „erhalten" wiedergegeben werden. Es bedeutet nicht, dass jemand etwas passiv nach oben hält (wie der mythologische Atlas die Erde hoch hält), sondern es beschreibt ein *aktives* Erhalten.

i. Während seines Dienstes auf Erden hat Jesus immer wieder die Macht seines Wortes demonstriert. Er konnte heilen, vergeben, Dämonen austreiben, die Naturgewalten stillen - er sprach nur ein Wort. Hier sehen wir, dass sein Wort so mächtig ist, dass es **alle Dinge trägt**.

f. **Er vollbrachte die Reinigung von unseren Sünden**: Durch die vorige Beschreibung wissen wir, dass der Sohn Gottes ein Wesen voller Macht und Weisheit ist. Jetzt wissen wir auch, dass er voller Liebe ist, weil er uns von der Schuld und Schande unserer Sünde freigekauft hat. Er **selbst** tat es und zeigte dadurch, dass niemand anderes dies für uns hätte tun können und auch wir selbst es auch nicht für uns vollbringen können.

g. **Zur Rechten der Majestät in der Höhe gesetzt**: Das ist eine Position der Majestät, der Ehre, der Herrlichkeit und des vollbrachten Werks. Diese Stellung erhebt Jesus weit über alle Schöpfung.

3. (4) Deswegen ist Jesus **so viel erhabener als die Engel**.

Und er ist um so viel erhabener geworden als die Engel, als der Name, den er geerbt hat, ihn auszeichnet vor ihnen.

a. **Und er ist um so viel erhabener geworden als die Engel**: Die Beschreibung Jesu in den letzten Versen zeigt uns, dass seine Position allen Engeln weit überlegen ist. Trotzdem lesen wir hier, dass Jesus **erhabener als die Engel** *wurde*. Wir können sagen, dass er *immer* erhabener als die Engel ist, aber gleichzeitig auch erhabener als die Engel *wurde*.

i. Jesus **wurde** erhabener in der Hinsicht, dass er *durch Leiden* (Hebräer 2,10) *vollendet* gemacht wurde (als der Urheber unseres Heils) – etwas, dass kein Engel jemals getan hat.

b. **Als der Name (…) ihn auszeichnet vor ihnen**: Jesu über alles erhabene Position wird durch einen unübertroffenen Namen verdeutlicht. Es ist nicht einfach nur ein Titel, sondern gleichzeitig auch eine Beschreibung seiner Natur und seines Charakters. Es gibt viele Gründe, warum es wichtig ist, die unvergleichliche Herrlichkeit Jesu, die ihn weit über alle Engel stellt, zu verstehen.

i. Oft verstehen wir etwas am Besten, wenn es durch einen Kontrast verdeutlicht wird.

ii. Der Alte Bund wurde Mose durch Engel überbracht, ein erhabenerer Bund jedoch durch ein erhabeneres Wesen gestiftet. Die Juden des ersten Jahrhunderts dachten vielleicht, dass das Evangelium durch einfache Männer – die Apostel – verbreitet wurde. Aber in Wahrheit kam das Evangelium durch Jesus, der erhabener ist als die Engel.

iii. In der frühen Gemeinde entwickelte sich die gefährliche Tendenz, Engel anzubeten (Kolosser 2,18; Galater 1,8). Der Hebräerbrief zeigt auf, dass Jesus weit über ihnen steht.

iv. Ebenso verbreitete sich die Irrlehre, Jesus selbst sei ein Engel. Das aber ist eine Vorstellung, die seine Herrlichkeit und Majestät herabsetzt.

v. Zu verstehen, warum Jesus erhabener als die Engel ist, hilft uns auch, zu begreifen, dass er gleichzeitig höher steht als jede Person oder jede Sache in unserem Leben.

vi. Wir sehen hier, dass der Hebräerbrief und die Verklärung Jesu, von der wir in den Evangelien lesen, die gleiche Absicht haben. Beide rufen uns sozusagen zu: „Dies ist mein geliebter Sohn; auf ihn sollt ihr hören!" (Markus 9,7)

B. Die Schrift beweist, dass Jesus erhabener als die Engel ist.

1. (5) Jesus ist erhabener als die Engel, weil er der Sohn Gottes ist, wie Psalm 2,7 und 2.Samuel 7,14 aufzeigen.

Denn zu welchem von den Engeln hat er jemals gesagt: „Du bist mein Sohn; heute habe ich dich gezeugt?" Und wiederum: „Ich werde sein Vater sein, und er wird mein Sohn sein".

a. **Du bist mein Sohn**: Gott der Vater nennt Jesus **„Sohn"** – dies ist der *erhabenere* Name aus Hebräer 1,4. Das zeigt, dass Jesus großartiger als die Engel ist, denn keinem Engel war jemals dieser großartige Name gegeben worden. Auch wenn die Engel *als Gruppe* einige Male „Söhne Gottes" genannt werden (s. Hiob 1,6), wurde doch niemals ein *einzelner* Engel so bezeichnet.

b. **Heute habe ich dich gezeugt**: Das Wort „gezeugt" beschreibt die Übereinstimmung im Wesen und dem Charakter zwischen Vater und Sohn. Es bedeutet, dass der Vater und der Sohn dasselbe Wesen, denselben Charakter haben.

2. (6-7) Jesus steht höher als die Engel, denn sie dienen ihm und beten ihn an. Er ist ihr Gott, wie auch 5.Mose 32,43 und Psalm 104,4 (nach der Septuaginta und den Schriftrollen vom Toten Meer) aufzeigen.

Und wenn er den Erstgeborenen wiederum in die Welt einführt, spricht er: „Und alle Engel Gottes sollen ihn anbeten! Von den Engeln zwar sagt er: „Er macht seine Engel zu Winden und seine Diener zu Feuerflammen".

a. **Der Erstgeborene**: Dieses Wort wurde gebraucht, um eine Idee zu verdeutlichen, aber auch als Beschreibung des zuerst Geborenen in einer Familie. Weil der erstgeborene Sohn der erste in der Erblinie war und somit eine Position der Ehre einnahm, kann der Titel „Erstgeborener" auch jemanden beschreiben, der eine höhere, ehrenhafte Stellung einnahm.

i. Vielen *nicht* zuerst geborenen, wurde der Titel „Erstgeborener" in der Bibel verliehen. Beispiele dafür sind z.B. David (Psalm 89,28) und Ephraim (Jeremia 31,9).

ii. Laut Rabbi Bechai (zitiert nach Lightfoot) nannten Rabbis zu biblischen Zeiten Yahweh selbst den „Erstgeborenen der Welt". Es war ein Titel, kein Herkunftsnachweis.

iii. Rabbis nutzten den Ausdruck Erstgeborener als spezifisch messianischen Titel. Ein Rabbi schrieb: „Gott sagte: ‚Wie ich Jakob zum Erstgeborenen machte (2.Mose 4,22), so werde ich auch den König Messias zum Erstgeborenen machen (Psalm 89,28)'". (R.Nathan in *Shemoth Rabba*, zitiert nach Lightfoot)

b. **Und alle Engel Gottes sollen ihn anbeten**: Jesus ist erhaben, weil er das Objekt der Anbetung der Engel ist. Er ist nicht ein Engel, der selber anbetet. Sie beten ihn an. Er wird angebetet. Offenbarung 5 gibt uns eine kleine Vorstellung davon, wie die Engel Jesus anbeten.

c. **Er macht seine Engel zu Winden und seine Diener zu Feuerflammen**: Jesus ist Herr über die Engel. Sie sind **seine Engel** und **seine Diener**. Die Engel gehören zu Jesus, aber er ist selber kein Engel.

3. (8-12) Jesus ist erhaben über die Engel, weil selbst der Vater ihn (und nicht die Engel) Gott und Herr (Yahweh) nennt, dies sehen wir in Psalm 45,7-8 und Psalm 102,26-28 (nach der Septuaginta).

Aber von dem Sohn: „Dein Thron, o Gott, währt von Ewigkeit zu Ewigkeit. Das Zepter deines Reiches ist ein Zepter des Rechts. Du hast Gerechtigkeit geliebt und Gesetzlosigkeit gehasst; darum hat dich, o Gott, dein Gott mit Freudenöl gesalbt, mehr als deine Gefährten!" Und: „Du, o Herr, hast im Anfang die Erde gegründet, und die Himmel sind das Werk deiner Hände. Sie werden vergehen, du aber bleibst; sie alle werden veralten wie ein Kleid, und wie einen Mantel wirst du sie zusammenrollen, und sie sollen ausgewechselt werden. Du aber bleibst derselbe, und deine Jahre nehmen kein Ende".

a. **Dein Thron, o Gott**: Es ist hier ganz offensichtlich, dass der Vater den Sohn **Gott** nennt. Die erste Person der Dreieinigkeit spricht von der zweiten Person der Dreieinigkeit und nennt sie **Gott**. Dies ist ein einzigartiger und kraftvoller Beweis der Göttlichkeit Jesu.

i. Einige Gelehrte argumentieren, dass es in der Bibel verschiedene Wesen und Personen wie z.B. Satan (2.Korinther 4,4) und irdische Richter gegeben hat (Psalm 82,1+ 6) die Gott (bzw. Götter) genannt werden. Aber diese Beispiele machen deutlich, dass diese Wesen/Personen nur vortäuschten, Gott zu sein. Wenn Jesus kein *wahrer* Gott wäre, dann wäre er ein *falscher* Gott wie Satan und die bösen Richter aus Psalm 82.

ii. Aber Jesus ist der wahre und lebendige Gott. Hier wird er auch von Gott dem Vater so genannt. Kapitel 1,1 und 20,28 des Johannesevangeliums bezeichnen ihn ebenfalls als Gott. Auch Paulus nennt ihn in Titus 2,13 und 3,4 so.

b. **Darum hat dich, o Gott, dein Gott gesalbt**: Dieser Abschnitt zeigt ein beeindruckendes Wechselspiel zwischen den Personen der Dreieinigkeit auf. „**Gott, dein Gott**" spricht von dem Vater und seiner Autorität über die zweite Person der Dreieinigkeit, Jesus. „**Dich**" bezieht sich auf den Sohn. „**Gesalbt**" gibt einen Hinweis auf den Dienst und die Gegenwart des Heiligen Geistes, der dritten Person der Dreieinigkeit.

c. **Du, o Herr, hast im Anfang**: Der Sohn wird nicht nur **Gott**, sondern auch **Herr** (Yahweh) genannt. Er wird mit Eigenschaften und Begriffen beschrieben, die nur Gott zustehen.

i. **Du, o Herr, hast im Anfang die Erde gegründet**: Wir sehen, dass Jesus, die zweite Person der Dreieinigkeit, der Schöpfer ist. Jesaja 45,12 und Jesaja 45,18 betonen z.B., dass Yahweh der Schöpfer ist.

ii. **Sie werden vergehen, du aber bleibst**: Wir lesen hier, dass Jesus Christus, die zweite Person der Dreieinigkeit selbstexistent ist. Psalm 102,26-28 sagt dies auch von Yahweh.

iii. **Wie einen Mantel wirst du sie zusammenrollen, und sie sollen ausgewechselt werden**: Jesus Christus, die zweite Person der Dreieinigkeit ist souverän, hat Autorität über die ganze Schöpfung und die Geschichte, wie wir es auch in Psalm 102,26-28 von Yahweh lesen.

iv. **Du aber bleibst derselbe**: Jesus Christus, die zweite Person der Dreieinigkeit ist unveränderlich und immer derselbe. Er ist ewig (**deine Jahre nehmen kein Ende**). Psalm 102,26-28 sagt dasselbe über Yahweh aus. Der Autor des Hebräerbriefs macht deutlich, dass es ohne jeden Zweifel auch auf Jesus zutrifft.

4. (13-14) Jesus steht über den Engel, weil er sich zur Rechten Gottes setzte. Er hat sein Werk vollendet, während die Engel beständig arbeiten. Wir sehen dies z.B. in Psalm 110,1.

Zu welchem von den Engeln hat er denn jemals gesagt: „Setze dich zu meiner Rechten, bis ich deine Feinde hinlege als Schemel für deine Füße?" Sind sie nicht alle dienstbare Geister, ausgesandt zum Dienst um derer willen, welche das Heil erben sollen?

a. **Setze dich zu meiner Rechten**: Jeder, der in der Gegenwart Gottes sitzen darf, zeigt dadurch, dass er jedes Recht hat dort zu sein. Vor dem Thron Gottes gibt es keine Sitzplätze für die Engel, weil sie Gott beständig loben und ihm dienen. Aber Jesus sitzt – auf die Einladung Gottes, des Vaters, hin – **zur Rechten** Gottes.

i. Es ziemt sich nicht, sich in der Gegenwart einer Majestät zu wohl zu fühlen. Es gibt eine Geschichte von einem Mann namens Lear, der dazu angestellt wurde, Königin Viktoria Kunstunterricht zu geben. Alles lief gut und Lear fing an, sich im Palast zu Hause zu fühlen. Er genoss es vor dem Feuer zu stehen, sich an die Feuerstelle zu lehnen und sich entspannt zu wärmen. Aber jedes Mal, wenn er das tat, lud ihn einer der Bediensteten der Königin ein, sich dieses oder jenes im Raum anzusehen, so dass er sich bewegen musste. Niemand erklärte es ihm, aber nach einer Weile verstand er: Es ist nicht richtig für einen Untergegebenen, sich in der Gegenwart der Königin zu wohl zu fühlen. Jesus ist kein Untertan – er ist Herrscher, deshalb darf er in der Gegenwart der Majestät sitzen.

b. **Zu welchem von den Engeln hat er denn jemals gesagt: „Setze dich zu meiner Rechten"**: Die Engel haben nicht die Erlaubnis, sich in der Gegenwart Gottes „zu entspannen". Sie „stehen" vor dem Vater, aber der Sohn setzt sich hin, weil er kein Bediensteter, sondern der Herrscher ist.

c. **Sind sie nicht alle dienstbare Geister**: Engel sind **dienstbare** Geister, keine *regierenden* Geister; Dienen, nicht Herrschen ist ihre Berufung. In dieser Hinsicht könnte man Engel mit Werkzeugen vergleichen, die nie kaputt gehen. Sie arbeiten beständig, während Jesus eine Position der Ruhe einnimmt, weil er der Sohn ist.

> i. Jesus wird auch Diener genannt, aber dies ist Teil seiner freiwilligen Demütigung, nicht seiner grundlegenden Natur. Es entspricht hingegen der grundlegenden Natur der Engel Diener zu sein.

d. **Ausgesandt zum Dienst um derer willen, welche das Heil erben sollen**: Den Engeln ist befohlen Gott zu dienen, aber er teilt sie ein zum Dienst an allen erlösten Männern und Frauen. Dies zeigt Gottes große Liebe zu uns. Es verdeutlicht die Tatsache, dass er uns an allen Dingen Anteil geben möchte.

Hebräer 2 – Jesus, unser älterer Bruder

A. Darum: Weil Jesus erhabener ist als die Engel, sollte unsere Aufmerksamkeit auf ihn gerichtet sein.

1. (1) Die Lektion des ersten Kapitels ist: Hör zu. Gleite nicht ab.

Darum sollten wir desto mehr auf das achten, was wir gehört haben, damit wir nicht abgleiten.

a. **Darum**: Der Gebrauch des Wortes „darum" im Hebräerbrief macht darauf aufmerksam, dass nun ein Prinzip angewandt wird, dass der Verfasser entwickelt hat. Die in der Schrift fundierte Wahrheit, dass Jesus den Engeln übergeordnet ist, hat lebensverändernde, praktische Auswirkungen, die im Folgenden näher erläutert werden sollen.

b. **Sollten wir desto mehr auf das achten**: Genau das müssen wir *tun* angesichts der Tatsache, dass Jesus den Engeln übergeordnet ist. Wir müssen **desto mehr** auf die Worte Jesu **achten**. Man könnte davon ausgehen, dass sich diese Ermahnung an Nichtgläubige richtet. Dieser Brief wurde jedoch an Christen geschrieben.

i. **Desto mehr auf das achten**: Dies ist nicht nur die Aufforderung, sorgfältig *zu hören*, sondern auch das *zu tun*, was wir hören – und wir müssen **desto mehr darauf achten**.

c. **Damit wir nicht abgleiten**: Wenn wir nicht **desto mehr darauf achten**, werden **wir abgleiten**. Dieses Abgleiten geschieht ganz automatisch, wenn keine feste Verankerung vorhanden ist. Wenn wir nicht ganz gewiss mit der Erhabenheit Jesu rechnen, gleiten wir ab in die Strömungen der Welt, des Fleisches oder in die Fänge Satans.

i. Das griechische Wort für **abgleiten** wurde ursprünglich mit der Idee des „Ausrutschens" verbunden. Man beschrieb damit einen Pfeil, der aus dem Köcher rutscht, Schnee, der über eine Landschaft gleitet oder Essen, das die Luftröhre hinabrutscht, so dass man sich verschluckt.

Das passiert sehr leicht und es bedarf keines weiteren Hinzutuns um **abzugleiten**. Wenn jemand zurück in die Welt geht, geschieht dies i.d.R. langsam, Stück für Stück, nicht plötzlich oder unverhofft.

ii. Eine alte Geschichte erzählt von einem ungläubigen Bauern. Kurz nach seinem Tod fand man sein Testament und entdeckte, dass er seinen Bauernhof dem Teufel vermacht hatte. Vor Gericht war man unschlüssig, wie man mit seinem Wunsch in diesem Fall verfahren sollte – wie kann man einen Bauernhof dem Teufel übergeben? Der Richter entschied: „Die beste Möglichkeit, den letzten Willen dieses Landwirts zu erfüllen, ist es, den Hof dem Verfall zu überlassen, so dass überall Unkraut wächst, die Erde durch Witterungseinflüsse abgetragen wird und Haus und Scheune langsam verfallen. Unserer Meinung nach ist der beste Weg, dem Teufel etwas zu hinterlassen, der, dass man nichts tut". Wir können Satan unser Leben auf die gleiche Art und Weise überlassen; indem wir nichts tun und dahin gleiten, wo uns die aktuellen Strömungen hintreiben.

2. (2-4) Diese Lektion betont folgendes: wie können wir entkommen, wenn wir eine so große Errettung verachten?

Denn wenn das durch Engel gesprochene Wort zuverlässig war und jede Übertretung und jeder Ungehorsam den gerechten Lohn empfing, wie wollen wir entfliehen, wenn wir eine so große Errettung missachten? Diese wurde ja zuerst durch den Herrn verkündigt und ist uns dann von denen, die ihn gehört haben, bestätigt worden, wobei Gott sein Zeugnis dazu gab mit Zeichen und Wundern und mancherlei Kraftwirkungen und Austeilungen des Heiligen Geistes nach seinem Willen.

a. **Das durch Engel gesprochene Wort**: Dieser Ausdruck beschreibt das mosaische Gesetz, dass „auf Anordnung von Engeln empfangen" wurde (Apostelgeschichte.7,53). Mose „empfing" das Gesetz aus der Hand von Engeln.

i. Die Vorstellung, dass Engel daran beteiligt waren, Mose das Gesetz zu bringen, findet sich in 5.Mose 33,2; Apostelgeschichte 7,53 und Galater 3,19. Auch Josephus weist auf diesen Gedanken in seiner Geschichtsabhandlung (*Anitquities*, 15.53) hin.

b. **Zuverlässig war**: Das mosaische Gesetz war **zuverlässig** und streng (jede Übertretung und jeder Ungehorsam empfingen den gerechten Lohn). Es musste ernst genommen werden.

c. **Wie wollen wir entfliehen?** Wenn wir das Wort, das uns durch die Engel gegeben wurde, ernst nehmen, müssen wir das Wort, das uns durch den Sohn Gottes gegeben wurde, noch viel ernster nehmen. Wir haben gesehen, dass der Sohn größer als die Engel ist, deswegen sollen wir auch seine Botschaft höher schätzen.

i. Ein größeres Wort, das durch eine größere Person gesprochen wurde und größere Verheißungen enthält, bewirkt auch größere Verdammnis, wenn es abgelehnt wird.

d. **Wenn wir eine so große Errettung missachten?** Das griechische Wort, das hier mit „missachten" übersetzt wird, lautet *amelesantes* und wird auch in Matthäus 22,5 (*sie aber achteten nicht darauf*) benutzt, wo es sich auf die bezieht, die die Einladung zum Hochzeitsmahl nicht annahmen. Es bedeutet, eine Gelegenheit zu etwas zu haben, sie aber zu ignorieren oder zu missachten.

i. Dieser Vers richtet sich an *Gläubige*, nicht an Ungläubige. Die Gefahr, die hier beschrieben wird, ist nicht, die Errettung abzulehnen (obwohl das Prinzip darauf ganz sicher auch zutrifft), sondern sie zu missachten.

ii. Der Hebräerbrief ist nicht in erster Linie ein evangelistisches Traktat, sondern eine Ermutigung und Warnung an schwach gewordene Christen, verfasst für alle, die einen bleibenden Wandel mit Jesus vernachlässigen.

e. **Eine so große Errettung**: Wenn wir an etwas **Großes** denken, schenken wir ihm natürlicherweise Aufmerksamkeit und **missachten** es nicht. Wenn wir etwas als unwichtig einschätzen, kümmern wir uns nur darum, wenn es uns gerade passt und verschreiben uns dieser Sache nicht von ganzem Herzen.

i. Wenn wir etwas als nicht wertvoll ansehen, vernachlässigen wir es leicht.

ii. Unsere Errettung jedoch ist großartig, da:

~ wir durch einen **großen** Erlöser errettet sind.

~ für uns ein hoher Preis gezahlt wurde.

~ wir von einer schweren Strafe befreit sind.

iii. Ein Grund, warum viele ihre Errettung missachten, ist der, dass sie deren Bedeutung nicht realisieren. Sie verstehen nicht, dass Errettung nicht lediglich „empfangen" heißt, sondern auch „die Rettung von etwas".

f. **Durch den Herrn verkündigt und bestätigt**: Dieses Wort wurde von Jesus gesprochen und durch Augenzeugen bestätigt (**die ihn gehört haben**). Dann wurde es durch **Zeichen, Wunder, mancherlei Kraftwirkungen und Austeilungen des Heiligen Geistes**, die von Gott gegeben wurden, **bestätigt**.

i. Indem er sagt, dass es **von denen, die ihn gehört haben, bestätigt wurde**, macht der Verfasser deutlich, dass er kein Christ der ersten Generation war. Er hatte die Botschaft durch die Apostel und Augenzeugen des Dienstes Jesu aus zweiter Hand gehört.

ii. Hebräer 2,3 ist ein Grund, warum einige glauben, dass nicht der Apostel Paulus den Hebräerbrief geschrieben hat. In seinen Briefen stellt er sich eindeutig mit den Aposteln und weiteren Augenzeugen Jesu auf eine Stufe (1.Korinther 9,1 und 1.Korinther 15,3-11), hier sehen wir dies aber nicht.

g. **Wobei Gott sein Zeugnis dazu gab**: Gott bestätigt sein Wort mit Wundern und dem Ausgießen des Heiligen Geistes. Dies tut er jedoch **nach seinem Willen** und nicht auf einen Befehl von Menschen hin.

i. Jesus sagte, dass wundersame Zeichen die begleiten werden, die glauben (Markus 16,17). Wo sich jedoch nichts Übernatürliches ereignet, muss die Frage gestellt werden, ob hier wahrer Glaube an Jesus gelebt und das Wort Gottes wahrhaftig verkündet wird. Es ist wichtig, dass ein Prediger Gott auch wirklich etwas zur Verfügung stellt, das dann bestätigt werden kann.

ii. Andererseits wirkt der Geist solche Wunder und Austeilungen **nach seinem Willen**. Echte Wunder können nicht erarbeitet und durch menschliche Anstrengung oder Gefühle hervorgebracht werden. Viel Schaden ist durch die angerichtet worden, die davon ausgehen, dass nicht genug Wunder geschehen und die dann versuchen, diese durch eigenen Enthusiasmus zu bewirken.

iii. Es ist schwierig zu sagen, was schlimmer ist: die Leugnung von Wundern und den Austeilungen des Heiligen Geistes oder der menschliche Versuch, Wunder aus dem Fleisch heraus zu produzieren. Beides ist gefährlich.

B. Das besondere Menschsein Jesu Christi.

1. (5-8a) Wir wissen, dass Jesus Mensch ist, weil Gott dem Menschen, und nicht den Engeln, die ganze Welt untertan gemacht hat (zitiert nach Psalm 8,5-7).

Denn nicht Engeln hat er die zukünftige Welt, von der wir reden, unterstellt; sondern an einer Stelle bezeugt jemand ausdrücklich und spricht: „Was ist der Mensch, dass du an ihn gedenkst, oder der Sohn des Menschen, dass du auf ihn achtest? Du hast ihn ein wenig niedriger sein lassen als die Engel; mit Herrlichkeit und Ehre hast du ihn gekrönt und hast du ihn gesetzt über die Werke deiner Hände; alles hast du seinen Füßen unterworfen". Indem er ihm aber alles unterworfen hat, hat er nichts übriggelassen, das ihm nicht unterworfen wäre.

a. **Du hast ihn ein wenig niedriger sein lassen als die Engel**: In Kapitel 1 hat der Verfasser des Hebräerbriefs mit Hilfe der Schrift die Gottheit Jesu und seine Erhabenheit über alle Engel auf brillante Art und Weise aufgezeigt. Jetzt macht er das Menschsein Jesu von der Schrift her deutlich und erklärt, welche Auswirkungen dies hat.

i. Es ist biblisch gesehen falsch zu denken, Jesus sei entweder nur Gott oder nur Mensch gewesen. Es ist falsch, ihn sich als halben Gott und halben Menschen vorzustellen (wie auch jede andere Vorstellung eines prozentualen Verhältnisses falsch ist). Ebenso falsch ist es anzunehmen, er sei „äußerlich" Mensch und „innerlich" Gott. Die Bibel lehrt uns, dass Jesus *völlig* Gott und *völlig* Mensch ist, dass eine menschliche Natur seiner göttlichen Natur hinzugefügt wurde und dass beide Naturen in einer Person, in Jesus Christus, existieren.

ii. Bezeichnend ist auch, dass die erste falsche Lehrmeinung über Jesus in der Zeit der frühen Gemeinde nicht leugnete, dass er Gott war. Sie leugnete stattdessen, dass er wirklich ganz Mensch war und behauptete, er sei nur *scheinbar* Mensch gewesen. Diese Irrlehre wurde Doketismus genannt, abgeleitet vom griechischen Wort für „erscheinen". Gelehrt wurde sie von Cerinthus, der sich in der Stadt Ephesus gegen den Apostel Johannes stellte. Dieser bezog sich in seinem 1.Brief (Kapitel 4,2 und 5,6) vermutlich genau auf diese Lehre.

b. **Denn nicht Engeln hat er die zukünftige Welt (…) unterstellt**: Gott gab den Engeln niemals die gleiche Art der Herrschaft über die Erde, wie dem Menschen (1.Mose 1,26-30). Engel haben keine Herrschaft über diese und auch nicht über die zukünftige Welt.

c. **Was ist der Mensch**: Dieses Zitat aus Psalm 8,5-7 zeigt sowohl auf, wie gering der Mensch im Vergleich zu Gott dem Schöpfer ist, als auch die Herrschaft, die Gott dem Menschen gibt, obwohl er **ein wenig niedriger ist als die Engel.**

d. **Er hat nichts übriggelassen, das ihm nicht unterworfen wäre**: Hier betont der Autor, dass Gott dem Menschen *alle* Dinge (und nicht nur einige) unterstellt hat. Dies zeigt, dass Jesus Mensch sein muss, denn Gott gab diese Herrschaft dem Menschen und Jesus übt diese Vollmacht aus.

2. (8b-9) Ein Problem und seine Lösung.

Jetzt aber sehen wir noch nicht, dass ihm alles unterworfen ist; wir sehen aber Jesus, der ein wenig niedriger gewesen ist als die Engel wegen des Todesleidens, mit Herrlichkeit und Ehre gekrönt; er sollte ja durch Gottes Gnade für alle den Tod schmecken.

a. **Jetzt aber sehen wir noch nicht, dass ihm alles unterworfen ist**: Die Verheißung aus Psalm 8,5-7 scheint noch unerfüllt zu sein. Wir sehen noch nicht, dass dem Menschen alle Dinge unterworfen sind.

b. **Wir sehen aber Jesus**: Die Verheißung ist in Jesus erfüllt, der Herr über alles ist. Durch Jesus wird der Mensch die Herrschaft zurückgewinnen können, die ursprünglich für Adam vorgesehen war (Offenbarung 1,6; 5,10 und Matthäus 25,21).

    i. Es gibt viele Dinge, die wir erst dann verstehen werden, wenn wir **Jesus sehen**. Die Antworten auf die kompliziertesten und komplexesten Fragen des Lebens lassen sich nicht dadurch finden, dass man nach dem „Warum" fragt. Die großartigste Antwort ist ein „Wer" – Jesus Christus.

c. **Der ein wenig niedriger gewesen ist als die Engel**: Dieses Versprechen über die Erde zu herrschen konnte nur durch die Demut, das Leiden und den Tod Jesu erfüllt werden. Der Sohn Gottes besiegte das Böse, das Adam in die Welt gebracht hatte: den Tod (Römer 5,12).

    i. Gott gab dem Menschen Herrschaft über die Erde, aber der Mensch verwirkte wegen der Sünde seine Macht (nicht sein Recht oder seine Autorität), sie auch auszuüben. Das Prinzip des Todes nahm ihm die Macht zu regieren. Aber Jesus kam und besiegte die Macht des Todes durch seine Demut und sein Leiden und machte die Erfüllung der Verheißung Gottes, dass der Mensch Herrschaft über die Erde haben sollte, möglich. Erfüllt wurde dies durch Jesu eigene Herrschaft und die der Gläubigen mit ihm (Offenbarung 20,4).

3. (10-13) Wir wissen, dass Jesus Mensch ist, weil er uns **Brüder** nennt.

Denn es war dem angemessen, um dessentwillen alles ist und durch den alles ist, da er viele Söhne zur Herrlichkeit führte, den Urheber ihres Heils durch Leiden zu vollenden. Denn sowohl der, welcher heiligt, als auch die, welche geheiligt werden, sind alle von einem. Aus diesem Grund schämt er sich auch nicht, sie Brüder zu nennen, sondern spricht: „Ich will meinen Brüdern deinen Namen verkündigen; inmitten der Gemeinde will ich dir lobsingen!" Und wiederum: „Ich will mein Vertrauen auf ihn setzen"; und wiederum: „Siehe, ich und die Kinder, die mir Gott gegeben hat".

a. **Denn es war dem angemessen**: Es war mehr als notwendig – es war **angemessen** für den souveränen Gott – **um dessentwillen alles ist und durch den alles ist, durch Leiden vollendet zu werden, da er viele Söhne zur Herrlichkeit führte.**

    i. Gott hätte einen Weg finden können uns zu erretten, bei dem es nicht notwendig gewesen wäre, dass der Sohn Gottes leiden musste.

Aber es war angemessen für Jesus, durch seinen eigenen Schmerz den Preis für unsere Errettung zu zahlen.

ii. Dies ist das höchste Beispiel für die Tatsache, dass wahre Liebe und wahres Geben bedeutet, Opfer zu bringen. Wie David sagte: *„Denn ich will dem HERRN, meinem Gott, kein Brandopfer darbringen, das mich nichts kostet!"* (2.Samuel 24,24) Gottes Liebe zu uns musste sich selbst im Opfer zeigen. Gott konnte Jesus nicht opfern, ohne dass dieser seiner Göttlichkeit das Menschsein hinzufügte und an unserer Stelle litt.

b. **Durch Leiden zu vollenden**: Die Göttlichkeit Jesu war vollkommen. Doch bevor er Mensch wurde und litt, hatte der dreieinige Gott niemals Leiden erfahren.

i. *„Zu vollenden* deutet nicht auf eine moralische Unvollkommenheit in Jesus hin, sondern lediglich auf die Vollendung der menschlichen Erfahrung der Trauer und des Schmerzes, durch die er hindurchgehen musste um der Urheber der Errettung seines Volkes zu werden". (Vincent)

ii. „Wir wissen, dass er nicht der vollkommene Erretter hätte sein können, wenn er nur Gott geblieben wäre, ohne auch Mensch zu werden. Der Mensch hatte gesündigt, der Mensch musste leiden. Es war der Mensch, durch dessen Taten Gottes Absichten für eine Weile besiegt gewesen waren; deshalb war es notwendig, dass Gott durch Menschsein über seinen größten Feind (Satan) triumphiert". (Spurgeon)

iii. Es war für den Vater **angemessen** dies zu tun. Es *„gefiel dem HERRN, Jesus zu zerschlagen"* (Jesaja 53,10). Er tat dies, damit Jesus **viele Söhne zur Herrlichkeit führen konnte**.

c. **Denn sowohl der, welcher heiligt, als auch die, welche geheiligt werden, sind alle von einem**: Deswegen sind wir **geheiligt** durch den, der geheiligt wurde. Wir gehören alle zu derselben menschlichen Familie. Deshalb **schämt** Jesus **sich auch nicht**, sie (das sind wir) **Brüder** zu nennen. Er könnte nicht unser Bruder sein, wenn er nicht genauso Mensch gewesen wäre wie wir.

i. **Geheiligt werden**: „Also dann, meine Freunde, seid ihr geheiligt? Ich habe einmal gehört, wie jemand sich einen Scherz erlaubt hat und Leute als „Heilige" verspottete. Man hätte sie auch als Könige oder Prinzen titulieren können, denn in der Bezeichnung „Heiliger" liegt nichts Verachtenswertes oder Erbärmliches. Es ist einer der ehrenhaftesten Titel, die ein Mensch jemals tragen kann". (Spurgeon)

ii. Es ist nichts Besonderes, dass ich mich nicht schäme, mit Jesus in Verbindung gebracht zu werden, aber es ist bemerkenswert, dass **auch er sich nicht schämt, uns Brüder zu nennen**.

d. Er schämt sich auch nicht, sie Brüder zu nennen, sondern spricht: Der Verfasser führt drei Belege an und zeigt damit, dass Jesus, der Messias, sein Volk seine Brüder nennt (Psalm 22, 23; Jesaja 8,17 und Jesaja 8,18).

i. In jedem dieser Beispiele wird deutlich, dass der Messias bereit ist, mit seinen Brüdern Gemeinschaft zu haben: in der Anbetung, im Vertrauen in den Vater oder in der Offenbarung einer gemeinsamen familiären Verbundenheit.

e. Inmitten der Gemeinde will ich dir lobsingen: Dieses wunderbare Zitat aus Psalm 22,23 (nach der Septuaginta) erinnert uns daran, dass Jesus sogar sang. Inmitten seiner Brüder sang er dem Vater Anbetungslieder.

i. „Siehe, dort, in deiner Mitte, oh Gemeinde Gottes, während seines Erdenlebens stand der herrliche Eine, den die Engel anbeten, der die Herrlichkeit der Ehre des Vaters im Himmel aller Himmel ist. Und doch stand er dort, um in die Anbetung seines Volkes einzustimmen. Er verkündete seinen Brüdern den Namen seines Vaters und lobte mit ihnen den Allerhöchsten. Ist er dir dadurch nicht sehr nah? Könnte es nicht sein, dass er jeden Moment kommen und neben dir auf dieser Kirchenbank Platz nehmen könnte? Ich selbst habe das Gefühl, als stünde er bereits Seite an Seite mit mir auf diesem Podium; und warum sollte es auch nicht so sein?" (Spurgeon)

f. Siehe, ich und die Kinder, die mir Gott gegeben hat: Dieses Zitat aus Jesaja 8,18 zeigt, wie viel Jesus sein Volk bedeutet. „Sie selbst sind ihm kostbar. Aber durch die Tatsache, dass der Vater sie ihm als Geschenk machte, werden sie noch wertvoller. Wir betrachten manche Dinge als wertvoll, weil sie uns von jemand Besonderem gegeben wurden; wir sind Christus kostbar, weil Gott der Vater uns ihm gegeben hat". (Spurgeon)

4. (14-16) Was Jesus als unser älterer Bruder tat.

Da nun die Kinder an Fleisch und Blut Anteil haben, ist er gleichermaßen dessen teilhaftig geworden, damit er durch den Tod den außer Wirksamkeit setzte, der die Macht des Todes hatte, nämlich den Teufel, und alle diejenigen befreite, die durch Todesfurcht ihr ganzes Leben hindurch in Knechtschaft gehalten wurden. Denn er nimmt sich ja nicht der Engel an, sondern des Samens Abrahams nimmt er sich an.

a. **Ist er gleichermaßen dessen teilhaftig geworden**: Um die Rolle des „älteren Bruders" für die Familie der Erlösten tatsächlich ausfüllen zu können, *musste* er **Fleisch und Blut** werden. Er musste in das „Gefängnis" gehen, um die Gefangenen zu befreien.

b. **Damit er durch den Tod den außer Wirksamkeit setzte, der die Macht des Todes hatte, nämlich den Teufel**: Manche verstehen dies so, dass Jesus Satans „Recht", über den Menschen zu herrschen, zerstörte, das ihm ursprünglich durch Adams Rebellion im Garten Eden gegeben worden war. Jesus nahm also Satans „Recht", über den Menschen zu herrschen, weg, indem er ihm erlaubte, sein Leben „unrechtmäßig" am Kreuz zu nehmen. Satans unrechte Handlung gegenüber Jesus führte dieser Annahme zufolge dazu, dass er sein Recht, über die Menschen zu herrschen, einbüßte. Nach dieser Erklärung hat Satan nun kein Anrecht mehr über die, welche durch Jesu Werk am Kreuz zu Gott kommen.

i. Anhänger dieser Theorie argumentieren, dass der Tod nur über die herrscht, die als sündige Menschen geboren sind oder über die, die gesündigt haben (Römer 5,12). Daher habe Satan nicht das „Recht" gehabt, Jesu Leben zu nehmen, weil Jesus niemals gesündigt hatte und auch nicht als Sünder geboren worden war. Deshalb können wir sagen, dass der Teufel einen „unrechtmäßigen" Mord am Kreuz verübte, wie es seinem Charakter entsprach (Joh.8,44). Jesus erlaubte dem Teufel, *„seine Ferse zu stechen*, damit er *dessen Kopf zertreten konnte"* (1.Mose 3,15).

ii. Das Problem bei diesem Erklärungsversuch ist, dass der Teufel Jesu Leben nicht *genommen* hat. Jesus hat es aus freiem Willen niedergelegt. Niemand hat es ihm genommen (Johannes 10,17-18).

iii. Man könnte jedoch sagen, dass der Teufel des „*versuchten* unrechtmäßigen Mordes" an jemandem, über den er keinerlei Rechte besaß, schuldig ist, denn es war keinerlei Sünde in Jesus. Satan *wollte* Jesus ganz sicher ermorden und hat es versucht. Dessen ist er schuldig.

iv. Wir wissen, dass der Teufel Tod und Mord liebt. „Ich halte den Tod für das Meisterstück des Teufels. Mit Ausnahme der Hölle ist der Tod sicherlich das satanischste Unheil, das die Sünde vollbracht hat. Nichts hat das Herz des Teufels jemals so sehr erfreut als herauszufinden, dass die Drohung erfüllt wurde: ,*Denn an dem Tag, da du davon isst, musst du gewisslich sterben*'". (Spurgeon)

v. Satan hat wiederholt versucht Jesus zu töten. Er versuchte es durch Herodes` mörderische Absichten, als Jesus ein Baby war (Matthäus 2,13-18). Er versuchte es in der Synagoge, als man Jesus töten wollte (Johannes 10,22-39). Er versuchte Jesus verhungern zu lassen (Matthäus 4,2-4; Lukas 4,2-4) und er versuchte ihn zu ertränken (Markus 4,37-39). Keiner dieser Pläne funktionierte, bis Jesus vor Pilatus stand und das Hinrichtungsurteil gesprochen wurde. Welche Freude herrschte in diesem Moment in der Hölle! Der Teufel und seine Engel waren überzeugt, Jesus endlich dort zu haben, wo sie ihn haben wollten. Und doch wurde der Tod Jesu zur Niederlage für Satan.

c. **Und alle diejenigen zu befreien, die durch Todesfurcht ihr ganzes Leben hindurch in Knechtschaft gehalten wurden**: Die Furcht vor dem Tod herrscht wie ein Tyrann über die Menschheit. Manche versuchen, ihren Frieden mit dem Tod zu machen, indem sie ihn ihren Freund nennen. Aber Christen fürchten den Tod nicht (obwohl einige vielleicht *vor dem Prozess des Sterbens* Angst haben). Sie sind nicht furchtlos, weil der Tod ihr Freund ist, sondern weil er ein besiegter Feind ist, der jetzt den Plänen Gottes im Leben der Gläubigen dient.

d. **Des Samens Abrahams nimmt er sich an**: Das Werk des Vaters in Jesus geschah nicht hauptsächlich der Engel wegen (obwohl auch die Engel lt. Epheser 3,10 davon profitieren). Es geschah für das Volk des Glaubens (**den Samen Abrahams**).

i. **Same Abrahams** bezeichnet hier die, die innerlich und nicht ethnisch Abrahams Kinder sind (Römer 2,28-29; Galater 3,7).

4. (17-18) Daher: Jesus ist unser treuer Hohepriester

Daher musste er in jeder Hinsicht den Brüdern ähnlich werden, damit er ein barmherziger und treuer Hoherpriester würde in dem, was Gott betrifft, um die Sünden des Volkes zu sühnen; denn worin er selbst gelitten hat, als er versucht wurde, kann er denen helfen, die versucht werden.

a. **Den Brüdern ähnlich werden**: Wenn Jesus uns nicht **ähnlich** wäre, könnte er nicht unser Hoherpriester sein, der uns vor dem Vater vertritt und Versöhnung für unsere Sünden erlangt.

i. Weder die Göttlichkeit Jesu noch sein Menschsein sind verhandelbar. Wenn eins von beiden nicht vorhanden wäre, wäre er nicht mehr in der Lage gewesen uns zu erretten.

b. **Damit er ein barmherziger und treuer Hoherpriester würde**: An der Kleidung des Hohenpriesters waren auf Brust und Schultern Edelsteine befestigt, auf denen die Namen der Stämme Israel eingraviert waren. Der Hohepriester wurde dadurch immerzu an das Volk Gottes erinnert. Er trug es auf seinem Herzen und auf seinen Schultern.

i. Jesus trug nicht das Brustschild des Hohenpriesters. Aber die Wunde in seiner Seite und das Kreuz auf seinen Schultern zeugen noch viel deutlicher und angemessener von seiner Liebe und seinem Werk für uns – **um die Sünden des Volkes zu sühnen.**

c. **Denn worin er selbst gelitten hat, als er versucht wurde**: Manche fragen sich, ob Jesus *wirklich* versucht wurde. Schließlich war er doch Gott (so argumentieren sie) und konnte nicht sündigen, deswegen konnte auch seine Versuchung nicht *echt* sein. Der Verfasser des Hebräerbriefs besteht darauf, dass nicht nur die Versuchung Jesu *real* war, sondern dass sie sogar so real war, dass er darunter **litt**.

i. Wir können sogar sagen, dass Jesu Versuchung *realer* und schwieriger war als jede Versuchung, die wir aushalten müssen. Wenn der Druck der Versuchung zunimmt, finden manche nur dadurch Erleichterung, dass sie der Versuchung nachgeben; Jesus aber *gab nicht nach*, obwohl der Druck der Versuchung bei ihm immer mehr zunahm.

ii. Jesus wusste, dass Macht und Schmerzen Versuchungen auslösen können; oder Reichtum und Armut; oder Beliebtheit; oder Zurückweisung. Er wusste, welchen Versuchungen man als Junge oder Mann, in der Familie oder unter Fremden, unter Freunden oder Feinden ausgeliefert ist.

iii. „Viele Menschen werden versucht, aber sie leiden nicht unter der Versuchung. Wenn gottlose Menschen versucht werden, ist der Köder nach ihrem Geschmack und sie schlucken ihn gierig. Die Versuchung ist für sie ein Vergnügen. Manchmal versuchen sie womöglich den Teufel dazu, sie zu versuchen. (...) Aber gute Menschen leiden, wenn sie versucht werden, und je besser sie sind, desto mehr leiden sie". (Spurgeon)

d. **Kann er denen helfen, die versucht werden**: Weil Jesus nicht nur Gott, sondern gleichzeitig auch Mensch war und menschliches Leiden erfahren hat, ist er in der Lage, uns in der Versuchung zu helfen. Er weiß, was wir durchmachen.

i. Wir haben zwei Vorteile: wir kennen das *Beispiel* Jesu. Wir wissen also, wie er sich verhielt, als er versucht wurde, und wir haben auch seine *aktive Mithilfe* aus dem Himmel, die uns Kraft gibt und einen Ausweg aufzeigt, so dass wir mitten in der Versuchung Sieg erlangen und zum *Besseren* verändert aus der Versuchung hervorgehen können. Jesus hat nichts dadurch verloren, dass er versucht wurde. Stattdessen *gewann* er Ehre, Mitleid und die Fähigkeit, seinem Volk zu helfen. Auch wir *müssen* nichts verlieren, wenn wir versucht werden.

ii. „Diese Aussage ist der mächtigste Schutz gegen Verzweiflung und der standfesteste Grund zur Hoffnung und zum Trost, den gläubige, reumütige Sünder sich wünschen oder haben könnten". (Poole)

iii. „Selbst wenn der Rest der Schrift zu diesem Thema schweigen würde, ist dieser Vers für jede versuchte Seele eine Unterstützung, die voll und ganz genügt". (Clarke)

iv. „Die Tatsache, dass du versucht wirst, *sollte für dich nie ein Grund des Klagens sein*. Wenn der Herr versucht wurde, sollte der Jünger über seinem Meister stehen oder der Diener über seinem Herrn? Wenn der Vollkommene Versuchung ertragen musste, warum nicht auch

du? Nimm es aus der Hand Gottes an. Denk nicht, es sei unehren-
haft oder eine Schande. Es hat deinen Herrn nicht entehrt oder ihm
Schande bereitet, es wird auch dich nicht entehren oder dir Schande
bereiten. Der Herr, der sie sendet, sendet dir gleichzeitig einen Weg
der Errettung. Es wird dir zur Ehre gereichen und dir nutzen, wenn
du auf diesem Weg fliehst". (Spurgeon)

Hebräer 3 – Jesus ist größer als Mose

A. Denkt über Jesus nach.

1. (1a) Wer wir durch unseren herausragenden Retters *sind*.

Daher, ihr heiligen Brüder, die ihr Anteil habt an der himmlischen Berufung.

    a. **Daher**: Im vorigen Kapitel haben wir Jesus als unseren himmlischen Hohepriester kennengelernt. Diese Tatsache hilft uns besser zu verstehen, wer wir sind. Für ein gesundes Leben als Christ ist es absolut notwendig zu erkennen, wer wir im Lichte dessen sind, wer Jesus ist und was er getan hat. Es bewahrt uns vor den gleichen Abgründen der Entmutigung, vor denen die hebräischen Christen standen.

    b. **Heilige Brüder**: Das sind wir, weil Jesus uns so sieht. „Unser himmlischer, heiliger Hohepriester *schämte sich nicht, sie Brüder zu nennen*" (Hebräer 2,11). Die Tatsache, dass Jesus uns seine **heiligen Brüder** nennt, sollten wir als Segen und Ermutigung ansehen.

    c. **Die ihr Anteil habt an der himmlischen Berufung**: Weil Jesus sich verpflichtet hat „*viele Söhne zur Herrlichkeit zu führen*" (Hebräer 2,10), haben wir Anteil an seiner himmlischen Berufung. Das soll uns segnen und ermutigen durchzuhalten – auch in schwierigen Zeiten oder in Anfechtungen.

2. (1b) Daher: was wir *tun* sollen angesichts des vorigen Abschnitts:

Betrachtet den Apostel und Hohenpriester unseres Bekenntnisses, Christus Jesus.

    a. **Betrachtet den Apostel**: Wir verwenden dieses Wort nicht oft für Jesus, aber er ist unser **Apostel**. Das griechische Wort, das hier mit „Apostel" übersetzt wird, beschreibt so etwas wie einen *Botschafter*. Jesus ist der höchste Botschafter des Vaters (Hebräer 1,1-2). Gott der Vater hatte eine Botschaft der Liebe zu übermitteln, die so wichtig war, dass er sie durch **Christus Jesus** sandte.

i. Das griechische Wort für „**betrachten**" ist *katanoein*: „Es bedeutet nicht einfach etwas anzusehen oder etwas zu bemerken. Jeder kann etwas ansehen oder es bemerken, ohne es wirklich zu sehen. Das Wort bedeutet, die Aufmerksamkeit in einer Weise auf etwas zu richten, so dass seine innere Bedeutung erkannt wird und die Lektion, die es vermitteln soll, aufgenommen werden kann". (Barclay) Das gleiche Wort wird auch in Lukas 12,24 verwendet (*„Betrachtet die Raben, die..."*). Es ist eine ernsthafte Aufforderung anzuschauen, zu lernen und zu verstehen.

ii. Ganz einfach: **Betrachte!** **Betrachte**, dass Gott dich so sehr liebt, dass er den höchsten Botschafter, **Christus Jesus**, sandte. Denk' darüber nach, wie wichtig es für dich ist, aufmerksam auf Gottes hervorragendsten **Apostel**, **Christus Jesus** zu achten.

iii. Gott selbst erwählte sich seine Botschafter für die Gemeinde, die bevollmächtigt waren. Daran denken wir, wenn wir an die ersten zwölf Apostel denken. Gott wählt immer noch Botschafter aus, wenn auch geringer bevollmächtigt, und in dieser Hinsicht sind wir alle Botschafter für Gott. Und doch war und ist Jesus der *ultimative* Botschafter des Vaters.

b. **Betrachtet den ... Hohenpriester**: Jesus ist der Eine, der uns auf vollkommene Art und Weise vor dem Vater vertritt und der den Vater vor uns repräsentiert. Gott sorgt sich so sehr um uns, dass er den höchsten Mittler, den höchsten **Hohenpriester** zwischen sich und die sündigen Menschen stellte.

i. Die Aufforderung ist klar: **Betrachte**. Denk darüber nach, dass Gott dich so sehr liebt, dass er dir einen so großartigen Hohenpriester gibt. Machen wir uns bewusst: Wenn uns so ein **großartiger Hohepriester** gegeben ist, so müssen wir ihn ehren und uns ihm unterordnen, dem Hohepriester, der **Christus Jesus** ist.

c. **Unseres Bekenntnisses**: Jesus ist der *Botschafter* und der *Mittler* **unseres Bekenntnisses**. Wir bekennen unser Christsein durch unser Reden und auch durch unser Leben (Matthäus 10,32, Römer 10,9).

i. Das Wort „Bekenntnis" bedeutet „dasselbe zu sagen". Wenn wir unsere Sünden bekennen, sagen wir über sie „dasselbe" wie Gott. Bezüglich ihrer Errettung sagen alle Christen „dasselbe" über die Notwendigkeit errettet zu werden und über Gottes Vorsorge in Jesus.

3. (2) Betrachte, dass Jesus in seinen Pflichten dem Vater gegenüber treu ist.

Welcher dem treu ist, der ihn eingesetzt hat, wie *es* auch Mose *war* in seinem ganzen Haus.

a. **Welcher treu ist**: Wenn wir die vergangene Treue Jesu *betrachten*, verstehen wir, **dass er** auch *weiterhin* **treu** sein wird. Wie er dem Vater gegenüber **treu** war, **der ihn eingesetzt hat,** wird er auch uns **treu** sein. Diese Tatsache sollte uns ermutigen und ein Segen für uns sein.

b. **Wie es auch Mose war in seinem ganzen Haus**: Mose zeigte eine erstaunliche Treue in seinem Dienst. Jesus aber zeigte vollkommene Treue, die sogar Moses Treue übertraf.

B. Jesus ist Moses übergeordnet.

1. (3a) Jesus empfing mehr Ehre als Mose.

Denn dieser ist größerer Ehre wertgeachtet worden als Mose.

a. **Mose**: Mose empfing viel Ehre von Gott. Das wird deutlich durch sein strahlendes Angesicht, nachdem er Zeit mit Gott verbracht hatte (2.Mose 34,29-35). Das sehen wir auch in Gottes Rechtfertigung für Mose vor Miriam und Aaron (4.Mose 12,6-8) und den Söhnen Korahs (4.Mose 16).

b. **Denn dieser ist größerer Ehre wertgeachtet worden als Mose**: Aber Jesus empfing weitaus größere Ehre vom Vater. Das wird deutlich bei der Taufe (Matthäus 3,16-17), der Verklärung (Markus 9,7) und der Auferstehung Jesu (Apostelgeschichte.2,26-27 und Apostelgeschichte 2,31-33).

2. (3b-6) Mose, der Diener – Jesus, der Sohn.

Wie ja doch der, welcher ein Haus gebaut hat, mehr Ehre hat als das Haus selbst. Denn jedes Haus wird von jemand gebaut; der aber alles gebaut hat, ist Gott. Auch Mose ist treu gewesen als Diener in seinem ganzen Haus, zum Zeugnis dessen, was verkündet werden sollte, Christus aber als Sohn über sein eigenes Haus; und sein Haus sind wir, wenn wir die Zuversicht und das Rühmen der Hoffnung bis zum Ende standhaft festhalten.

a. **Wie ja doch der, welcher ein Haus gebaut hat, mehr Ehre hat als das Haus selbst**: Mose war ein Teil des Haushaltes Gottes, aber Jesus ist der Erbauer dieses Hauses und deshalb der größeren Ehre würdig.

i. Die Rabbis sahen Mose als großartigsten Menschen an, der jemals gelebt hat, größer noch als die Engel. Der Verfasser dieses Briefes an die Hebräer kritisiert Mose nicht, aber er betrachtet ihn in einem angemessen Verhältnis zu Jesus.

b. **Auch Mose ist treu gewesen als Diener in seinem ganzen Haus (…) Christus aber als Sohn über sein ganzes Haus**: Mose war ein treuer **Diener**, aber er wurde im Gegensatz zu Jesus niemals **Sohn** genannt. Dies zeigt, dass Jesus größer als Mose ist.

c. **Und sein Haus sind wir, wenn wir bis zum Ende standhaft festhalten**: Wir sind Teil des Hauses Jesu, **wenn wir standhaft festhalten**. Der Autor ermutigt die, welche am liebsten umgekehrt wären und hilft ihnen **standhaft festzuhalten**, indem er ihnen das Gute aufzeigt, das zum Leben mit Jesus dazugehört.

i. Wahre Hingabe zu Jesus zeigt sich über einen langen Zeitraum, nicht durch einen stürmischen Beginn. Wir vertrauen darauf, dass *der, welcher in euch ein gutes Werk angefangen hat, es auch vollenden wird bis auf den Tag Jesu Christi* (Phil.1,6).

ii. **Sein Haus sind wir**: 1.Petrus 2,4-5 sagt, dass wir als *geistliches Haus aufgebaut werden*. Gott baut ein Werk durch sein Volk, genauso, wie jemand ein **Haus** baut.

C. Die Schlussfolgerung aus der Tatsache, dass Jesus größer ist als Mose.

1. (7-11) Ein Zitat aus Psalm 95,7-11 und seine Bedeutung.

Darum, wie der Heilige Geist spricht: „Heute, wenn ihr seine Stimme hört, so verstockt eure Herzen nicht, wie in der Auflehnung, am Tag der Versuchung in der Wüste, wo mich eure Väter versuchten; sie prüften mich und sahen meine Werke 40 Jahre lang. Darum wurde ich zornig über jenes Geschlecht und sprach: Immer gehen sie in ihrem Herzen in die Irre, und sie haben meine Wege nicht erkannt, so dass ich schwor in meinem Zorn: Sie sollen nicht in meine Ruhe eingehen!"

a. **Verstockt eure Herzen nicht**: Gott erwartete vom Volk Israel, dass es sich Mose unterordnete, ihm nachfolgte und ihm vertraute. Von uns erwartet Gott, dass wir uns Jesus unterordnen, ihm nachfolgen und vertrauen, weil er ein viel größerer Leiter als Mose ist.

i. Die Aussage ist klar. Wenn der Heilige Geist spricht müssen wir auf seine Stimme hören und dürfen unseren Herzen nicht erlauben sich zu verhärten. Wir hören den Heiligen Geist in der Schrift (Gottes Wort), in den Herzen seiner Gläubigen, in denen, die er zur Errettung ruft und in seinen Werken.

ii. Genauso, wie der Geist auf vielerlei Arten spricht, können auch wir auf vielerlei Weise unser Herz verhärten.

~ Manche verstocken ihre Herzen, indem sie in ihre alte Gleichgültigkeit zurückfallen.

~ Manche verstocken ihre Herzen durch Unglauben.

~ Manche verstocken ihre Herzen, indem sie um weitere Zeichen bitten.

~ Manche verstocken ihre Herzen, indem sie die Gnade Gottes voraussetzen.

b. **Heute**: Die Stimme des Heiligen Geistes ist eindringlich. Er drängt uns nicht dazu, unser Leben mit Gott *morgen* in Ordnung zu bringen oder auf *gestern* zu vertrauen – der Heilige Geist bewegt uns **heute** zu handeln.

i. Der Heilige Geist sagt uns „Heute!", weil seine Einladung aufrichtig ist. Er sagt auch deshalb „Heute!", weil er wirklich möchte, dass wir zu

Jesus kommen. Wenn mich jemand zu sich nach Hause zum Abendessen einlädt, aber weder Tag noch Zeit nennt, weiß ich, dass diese Einladung noch nicht wirklich steht. Aber wenn jemand sagt: „Komm an dem und dem Tag zu der und der Uhrzeit", dann weiß ich, dass die Einladung auch aufrichtig gemeint ist, dass man wirklich *möchte*, dass ich komme, dass mein Gastgeber auf mein Kommen *vorbereitet* ist und mich tatsächlich *erwartet*. Der Heilige Geist nennt dir eine Zeit für seine Einladung – **heute**.

ii. Charles Spurgeon erklärt, warum der Heilige Geist so eindringlich spricht: „Er wartet darauf, seine Lieblingsaufgabe als Tröster ausüben zu können. Er kann die Seele, die nicht nach Gott fragt, nicht trösten. Er kann nicht die trösten, die ihre Herzen verhärtet haben. Trost wäre für die Ungläubigen ihre Zerstörung. Er freut sich aber daran, der Tröster zu sein. Er ist vom Vater gesandt, besonders diese Aufgabe wahrzunehmen. Er tröstet das Volk Gottes, er hält mit suchenden Augen nach denen Ausschau, die zerbrochenen und zerschlagenen Geistes sind um ihnen die Salbe von Gilead (Jer. 8,22) zu geben und ihre Wunden zu heilen".

iii. Auch uns muss sehr wichtig sein, dass es **heute** geschieht. „Stell dir den stärksten Mann vor, den du kennst, und nimm einmal an, dass dein ewiges Wohlergehen davon abhängt, ob er im nächsten Jahr noch am Leben ist oder nicht. Mit welch großer Sorge würdest Du vernehmen, dass er krank ist? Wie besorgt wärst du um seine Gesundheit? Also, Sünder, du riskierst deine Errettung, wenn du nicht noch heute eine Entscheidung für Jesus triffst, weil du nicht wissen kannst, wie lange dein Leben noch dauern wird. Ist das etwa sicherer?" (Spurgeon)

c. **Wie in der Auflehnung, am Tag der Versuchung**: Der Tag der Versuchung bezieht sich auf die Versuchung in Meriba (4.Mose 20,1-13). Im weiteren Sinn spricht es auch von Israels Weigerung zu vertrauen und nach dem Auszug aus Ägypten das Verheißene Land zu betreten (4.Mose 13,30-14,10). Gott konnte ihren Unglauben nicht akzeptieren und verurteilte die Generation derjenigen, die nicht glaubten dazu, in der Wüste zu sterben (4.Mose 14,22-23 und 14,28-32).

d. **Und sahen meine Werke 40 Jahre lang**: Wegen ihres Unglaubens stand das Volk Israel dem Gericht gegenüber, das 40 Jahre angewachsen war. Diese Warnung im Hebräerbrief wurde ca. **40 Jahre**, nachdem die Juden Jesus zum ersten Mal abgelehnt hatten, aufgeschrieben. Gottes Zorn kam schnell über das jüdische Volk, das Jesus abgelehnt hatte und gipfelte später in der Zerstörung Jerusalems durch die Römer.

e. **Darum wurde ich zornig über jenes Geschlecht**: Gott war auf **jenes Geschlecht** zornig wegen seines Unglaubens. Sie weigerten sich, Gott für die großen Dinge, die er verheißen hatte, zu vertrauen und sie waren unwillig im Glauben weiter zugehen.

2. (12-15) **Habt acht**: Seid nicht wie das Geschlecht, das in der Wüste ums Leben kam.

Habt acht, ihr Brüder, dass nicht in einem von euch ein böses, ungläubiges Herz sei, das im Begriff ist, von dem lebendigen Gott abzufallen! Ermahnt einander vielmehr jeden Tag, solange es »Heute« heißt, damit nicht jemand unter euch verstockt wird durch den Betrug der Sünde! Denn wir haben Anteil an Christus bekommen, wenn wir die anfängliche Zuversicht bis ans Ende standhaft festhalten, solange gesagt wird: „Heute, wenn ihr seine Stimme hört, so verstockt eure Herzen nicht, wie in der Auflehnung".

a. **Dass nicht in einem von euch ein böses, ungläubiges Herz sei**: Das sind harte Worte, aber wir unterschätzen oft die schreckliche Natur unseres **Unglaubens**. Die Weigerung Gott zu glauben ist eine ernst zu nehmende Sünde. Sie zeigt ein **böses Herz** und einen **Abfall von dem lebendigen Gott**.

i. „Unglaube ist nicht die Unfähigkeit zu verstehen, sondern die *Unwilligkeit* zu vertrauen. (…) Es ist der Wille, nicht der Intellekt, der hier entscheidend ist". (Newell)

ii. Man kann aufrichtig an Gott glauben und doch gelegentlich von Zweifeln geplagt sein. Das ist der Zweifel, der Gottes Verheißungen *möchte*, aber für einen Moment schwachen Glaubens ist. **Unglaube** ist nicht *schwacher* Glauben, sondern er ist das Gegenteil des Glaubens.

iii. „Von der großen Sünde des Unglaubens an den Herrn Jesus Christus wird oft leichtfertig gesprochen, so, als ob es gar keine richtige Sünde sei. Und doch wird in diesem Text und im Zusammenhang der ganzen Schrift deutlich, dass Unglaube bedeutet, Gott einen Lügner zu nennen und was könnte schlimmer sein?" (Spurgeon)

iv. „Horche, oh Ungläubiger, du hast gesagt: ‚Ich kann nicht glauben', aber es wäre ehrlicher, wenn du gesagt hättest: ‚Ich *will* nicht glauben'. Darin liegt die Gefahr. Dein Unglaube ist deine Schuld, nicht ein Unglück, das dir zugestoßen ist. Es ist eine Krankheit, aber es ist auch ein Verbrechen: Es ist dir eine schreckliche Quelle des Elends. Aber das ist so auch richtig und gerecht, denn es ist ein scheußliche Beleidigung gegen den Gott der Wahrheit". (Spurgeon)

v. „Haben Menschen nicht schon oft gesagt: ‚Ich habe jahrelang *versucht zu glauben'*. Schreckliche Worte! Sie machen die Sache nur schlimmer. Stell dir vor, jemand käme, nachdem ich etwas Bestimmtes gesagt hätte, auf mich zu und würde sagen, dass er mir nicht glauben könne, obwohl er es wirklich gerne täte. Ich wäre sicherlich gekränkt. Er würde aber die Angelegenheit noch schlimmer machen, wenn er hinzufügen würde, dass er es schon seit Jahren versuche, aber es einfach nicht könne. Was meint er damit? Er kann damit nur meinen, dass ich so gründlich Unrecht habe und solch ein hartnäckiger Lügner bin, dass er, obwohl er es ja versucht habe, mir wirklich nicht glauben kann. Trotz aller Bemühungen, die er zu meinen Gunsten anstellt, liegt es da außerhalb seiner Möglichkeiten mir zu glauben? Nun, ein Mann, der sagt: ‚Ich habe versucht an Gott zu glauben‘, sagt in Wahrheit genau dies über Gott den Allerhöchsten". (Spurgeon)

b. **Ermahnt einander vielmehr jeden Tag**: Wenn wir unseren Glauben stärken und den Ruin des Unglaubens vermeiden wollen, müssen wir uns mit Christen umgeben, die **ermahnen**, die uns also auf „ernste Weise ermutigen". Da haben wir eine große Verantwortung. Wir sollen *andere ermahnen* und uns ermahnen lassen. Wir sollen *einander täglich ermahnen*. Kritisieren und Richten ist einfach, aber das ist kein Ermahnen.

i. Wenn man keine Gemeinschaft mit anderen Christen hat, kann man nicht ermahnen und auch nicht ermahnt werden. Dann gibt es viel weniger, dass uns davon abhält, **durch den Betrug der Sünde verstockt zu werden**.

ii. Manche denken, Jesu Gebot, uns nicht mit dem „Splitter im Auge des Bruders" zu beschäftigen, während wir selbst „einen Balken im Auge" haben (Matthäus 7,5), zeige auf, dass wir einander nicht **täglich ermahnen sollten**. Aber Jesus sagte uns, dass wir uns *zuerst* mit dem Balken im eigenen Auge beschäftigen sollen und *dann* mit dem Splitter im Auge unseres Bruders. Er hat nicht gesagt, dass wir den Splitter ignorieren sollen, sondern, dass wir die richtige Reihenfolge einhalten müssen.

iii. Die Betonung, wie wichtig Gemeinschaft unter Christen ist, steht im Gegensatz zum heutigen gesellschaftlichen Denken. Eine US-Studie belegt, dass mehr als 78% der Bevölkerung und 70% der Gemeindebesucher glauben, dass man „ein guter Christ sein kann, ohne zu einer Gemeinde zu gehören" (Roof and McKinney).

iv. „Ihr sollt auf eure Brüder achten. Ihr sollt einander täglich ermahnen, besonders ihr, die ihr Aufseher der Gemeinde oder die ihr älter und erfahrener seid. Habt acht, damit keiner eurer Brüder in der Gemeinde allmählich zugrunde geht, oder jemand sein Herz dauerhaft in Unglauben verstockt und in seiner Sünde umkommt. Wer dich ermutigt, dich um dich selbst zu kümmern, verführt dich in Wirklichkeit zu einer selbstsüchtigen Sorge um dich selbst. Wärst du dann nicht genau wie Kain, der es sogar wagte, zum Herrn selber zu sagen: ‚Bin ich meines Bruders Hüter?'" (Spurgeon)

c. **Damit nicht jemand unter euch verstockt wird**: Christen müssen sehr wachsam sein gegen die Verstockung des eigenen Herzens. Diese versteckte

Sünde, die du dir erlaubst – keiner erwartet sie von dir, weil du sie gut versteckst. Du betrügst dich selbst, wenn du glaubst, dass sie kaum Schaden anrichtet. Du denkst, du kannst ja später immer noch um Vergebung bitten. Es reicht doch, wenn du dir selbst erst irgendwann in der Zukunft stirbst und dich Jesus dann hingibst. Du kannst hingegen nicht sehen oder spüren, dass diese versteckte Sünde dein Herz verstockt. Während es sich immer mehr verhärtet, wirst du deiner Sünde gegenüber *immer weniger sensibel*. Du entfernst dich immer weiter von Jesus. Und die geistliche Gefahr wird jeden Tag größer.

d. **Der Betrug der Sünde**: Die Sünde des Unglaubens hat ihre Wurzeln im Betrug und ihre Blüten sind von Verhärtung gekennzeichnet **(damit nicht jemand unter euch verstockt wird)**. Unglaube und Sünde sind **betrügerisch**. Denn wenn wir Gott nicht länger glauben, hören wir trotzdem nicht auf zu glauben. Wir beginnen stattdessen einer Lüge zu glauben.

e. **Anteil(haber) an Christus**: Gläubige, die sich von der Sünde und sich selbst abgewandt und Jesus ihr Leben anvertraut haben, werden hier **Anteilhaber an Christus genannt**.

　i. **Anteil(haber) an Christus** – dies ist das Gesamtbild. Anteilhaber an seinem Gehorsam, Anteilhaber an seinem Leiden, Anteilhaber an seinem Tod, Anteilhaber an seiner Auferstehung, Anteilhaber an seinem Sieg, Anteilhaber an seinem Plan, Anteilhaber an seiner Kraft, Anteilhaber an seinem Dienst der Fürbitte, Anteilhaber an seinem Werk, Anteilhaber an seiner Herrlichkeit, Anteilhaber an seiner Bestimmung. Wir sind „**Anteilhaber an Christus**". Das sagt alles.

　ii. Die Einheit des Gläubigen mit Jesus lässt sich vielfältig beschreiben:

　　- Wie ein Stein, der in das Fundament zementiert ist (Epheser 2,19-22).

　　- Wie eine Rebe, die mit den Zweigen verbunden ist (Johannes 15,5).

　　- Wie eine Frau, die mit ihrem Mann verheiratet ist (Epheser 5,28-29).

f. **So verstockt eure Herzen nicht**: Wir sagen oft, dass unsere Herzen wegen dem, was *andere* uns antun oder *wegen der Schicksalsschläge, die* uns geschehen, verhärtet werden. Tatsache ist aber, dass wir unsere Herzen verhärten *als Reaktion darauf* was uns passiert.

3. (16-19) Ein guter Anfang reicht nicht aus.

Denn einige lehnten sich auf, als sie es hörten, aber nicht alle, die *durch* Mose aus Ägypten ausgezogen waren. Über wen war er aber 40 Jahre lang zornig? Waren es nicht die, welche gesündigt hatten, deren Leiber in der

Wüste fielen? Welchen schwor er aber, dass sie nicht in seine Ruhe eingehen sollten, wenn nicht denen, die sich weigerten zu glauben? Und wir sehen, dass sie nicht eingehen konnten wegen des Unglaubens.

a. **Denn einige lehnten sich auf, als sie es hörten**: Als Nation legte Israel einen guten Start hin. Es erforderte schließlich viel Glauben das Schilfmeer zu überqueren. Und doch kam diese *ganze* erste Generation in der Wüste um, außer den beiden Männern des Glaubens – Josua und Kaleb.

   i. Sie hatten große Vorrechte erlebt:

      ~ Sie sahen die zehn Plagen, die über Ägypten kamen.

      ~ Sie erhielten große Offenbarung von Gott.

      ~ Sie erlebten Gottes große Geduld mit ihnen.

      ~ Sie erfuhren große Barmherzigkeit.

b. **Sie sollten nicht in seine Ruhe eingehen**: Elf Mal spricht der Hebräerbrief in den Kapiteln 3 und 4 davon in *die Ruhe einzugehen*. Diese Ruhe wird im nächsten Kapitel detailliert beschrieben. Aber hier wird der *Schlüssel* aufgezeigt, der notwendig ist, um in diese Ruhe einzugehen: *Glaube*.

c. **Und wir sehen, dass sie nicht eingehen konnten wegen des Unglaubens**: Man könnte versucht sein zu denken, dass der Schlüssel zum Eintritt in das verheißene Land, *Gehorsam* ist. Aber in Hebräer 3,18 steht: „*Welchen schwor er aber, dass sie nicht in eine Ruhe eingehen sollten, wenn nicht denen, die sich weigerten zu glauben*". Der Ungehorsam ist ein Auswuchs des **Unglaubens**, der auch in Hebräer 3,19 angesprochen wird. Der **Unglaube** kam zuerst, dann der Ungehorsam.

   i. **Unglaube** und nichts anderes war der Grund, der sie hinderte nach Kanaan einzuziehen.

      ~ Nicht ihre Sünde ließ sie außerhalb von Kanaan bleiben.

      ~ Nicht das Fehlen von Bestätigungen Gottes ließ sie außerhalb von Kanaan bleiben.

      ~ Nicht das Fehlen von Ermutigung ließ sie außerhalb von Kanaan bleiben.

      ~ Nicht schwierige Umstände hielten sie außerhalb von Kanaan.

   ii. Im Neuen Testament sehen wir, dass das Zentrum unseres Glaubens in der Tatsache ausgedrückt ist, dass Jesus allem übergeordnet ist. Wir müssen uns vergegenwärtigen, wer er wirklich ist (gleichzeitig ganz Mensch und ganz Gott). Außerdem sollten wir uns sein Versöhnungswerk als treuer Hoherpriester (wie in Hebräer 2,17) vor Augen halten. Wenn wir darauf vertrauen und diese Wahrheiten zur Nahrung unserer Seelen machen, gehen wir in Gottes Ruhe ein.

d. Sie konnten nicht eingehen: Israels großes Versagen lag darin, dass sie nicht im Glauben ausharrten. Nachdem sie einen so großen Teil der Wüste im Vertrauen auf Gott durchquert hatten und so viele Gründe gesehen hatten, warum es sich lohnt, ihm zu vertrauen, schafften sie es am Ende doch nicht. Sie versagten, weil sie nicht im Glauben an Gott und seine Verheißungen ausharrten.

i. Im Gleichnis vom Sämann und den unterschiedlichen Arten von Böden erinnert uns Jesus daran, dass es nicht genug ist, einen guten Anfang zu machen. Durch die Saat, die auf steinigen Grund oder unter die Dornen fällt, macht er uns darauf aufmerksam, dass es nicht ausreicht, einen guten Start hinzulegen. Wahrer Glaube harrt bis zum Ende aus. Es ist wunderbar einen guten Anfang zu machen, aber ein gutes Ende ist noch wichtiger als ein guter Anfang.

ii. C.S. Lewis schrieb in „Dienstanweisungen an einen Unterteufel" über die Schwierigkeiten des Ausharrens (aus der fiktiven Perspektive eines Dämonen, der die Menschen versucht und der seine Erfahrungen an einen Unterteufel weitergibt): „Der Feind (Gott) hat ihn vor Dir geschützt, als die erste große Welle der Versuchung über ihn hereinbrach. Wenn es Dir nun gelingt, ihn am Leben zu erhalten, so hast Du die Zeit selbst zu Deinem Verbündeten. Die lange, langweilig-eintönige Periode des Wohlstands oder der Widerwärtigkeiten des gesetzteren Alters sind ausgezeichnetes Wetter für einen Feldzug. Du musst begreifen, es fällt diesen Geschöpfen überaus schwer, *auszuharren*! Die Gewöhnung an Widerwärtigkeiten, der langsame Zerfall jugendlicher Liebe und jugendlicher Hoffnungen, die stille (kaum je als Schmerz empfundene) Verzweiflung daran, die chronischen Versuchungen, mit denen wir sie immer und immer wieder besiegten, je überwinden zu können, die Eintönigkeit, mit der wir ihr Leben erfüllen, und die unbestimmte Gereiztheit, mit der wir sie lehren, darauf zu reagieren – all dies schafft vortreffliche Gelegenheiten, eine Seele durch Zermürbung zu erschöpfen. Erweisen sich jedoch diese mittleren Lebensjahre als glücklich, so ist unsere Lage sogar besser denn je. Wohlergehen verstrickt einen Menschen in die Welt. Er glaubt ‚seinen Platz in ihr zu finden', während in Wirklichkeit sie ihren Platz in ihm gefunden hat. (...) Daher müssen wir unsern Patienten oft ein langes Leben wünschen. Siebzig Jahre sind kein Tag zuviel für die schwierige Aufgabe, ihre Seele vom Himmel zu lösen und eine feste Bindung an die Erde zu schaffen".

iii. Wenn wir in Gottes Ruhe eingehen, werden im Laufe der Zeit unser Vertrauen in und unser Glaube an Jesus gestärkt. Wir wenn aber durch Unglauben versäumen in die Ruhe einzugehen, dann werden uns die kommenden Jahre immer mehr von einer leidenschaftlichen und vertrauten Beziehung zu Jesus wegziehen.

Hebräer 4 – In seine Ruhe eingehen

A. Wie man in die Ruhe Gottes eingeht.

1. (1-2) Die Warnung wird wiederholt: Versäumt nicht die Ruhe Gottes.

So lasst uns nun mit Furcht darauf bedacht sein, dass sich nicht etwa bei jemand von euch herausstellt, dass er zurückgeblieben ist, während doch die Verheißung zum Eingang in seine Ruhe noch besteht! Denn auch uns ist eine Heilsbotschaft verkündigt worden, gleichwie jenen; aber das Wort der Verkündigung hat jenen nicht geholfen, weil es bei den Hörern nicht mit dem Glauben verbunden war.

a. **So**: Der Gedanke aus Kapitel 3, dass *Unglaube* die Generation, die aus Ägypten geflohen war, daran hinderte, nach Kanaan einzuziehen, wird hier wieder aufgegriffen. **Die Verheißung zum Eingang in seine Ruhe besteht noch** und wir können durch Glauben in diese **Ruhe** eingehen. *Unglaube* führt dazu, dass wir die **Ruhe**, die Gott uns bereitet hat, nicht erleben.

i. Der puritanische Ausleger John Owen beschrieb fünf Merkmale dieser **Ruhe** für den Gläubigen:

~ **Ruhe** bedeutet *Frieden mit Gott.*

~ **Ruhe** bedeutet *frei von einer sklavenartigen Haltung in der Anbetung und dem Dienst für Gott zu sein.*

~ **Ruhe** bedeutet *Befreiung von der Last, das mosaische Gesetz einhalten zu müssen.*

~ **Ruhe** bedeutet die *Freiheit, Gott so anzubeten, wie wir das in den Evangelien sehen.*

~ **Ruhe** meint die *Ruhe, die Gott selbst genießt.*

b. **Lasst uns nun mit Furcht darauf bedacht sein, dass sich nicht etwa bei jemand von euch herausstellt, dass er zurückgeblieben ist**: Dieser Ort der **Ruhe** ist so herrlich, dass es uns *beunruhigen* sollte, wenn andere oder wir selbst **zurückgeblieben sind**. Es ist nicht genug, *beinahe* in diese Ruhe einzutreten, wir wollen diese Ruhe nicht versäumen.

41

i. Adam Clarke über „**zurückgeblieben sein**": „Der Hebräerbrief enthält viele Anspielungen und Hinweise. Der Autor spielt hier auf die Rennen bei den griechischen Spielen an: *Zurückgeblieben* war jeder, der *hinter* dem Sieger im Ziel ankam, wie kurz der Abstand zwischen den beiden auch war".

c. **Denn auch uns ist eine Heilsbotschaft verkündigt worden, gleichwie jenen**: Das Wort Gottes zu hören ist nicht genug. Die Israeliten hatten damals das Wort **gehört**, aber es **hatte ihnen nicht geholfen**, weil sie es nicht im **Glauben** aufnahmen. Das Hören war die Voraussetzung, aber es war für sie nur von Vorteil, wenn es mit **Glauben verbunden war**.

d. **Mit Glauben verbunden**: Man kann das Wort Gottes hören und geistliche Erfahrungen machen, wenn aber das Werk Gottes nicht **mit Glauben verbunden** ist, nützt es nicht. Dies erklärt, warum zwei Menschen die gleiche Botschaft hören können, die den einen voranbringt, während sie dem anderen nichts nützt. Es zeigt auch, dass dort, wo mehr Glaube ist, wo mehr Segen und Gunst Gottes *erwartet* wird, auch mehr Segen erfolgt.

i. Clarke über „**verbunden**": „Dies ist eine Metapher, die der Ernährung des menschlichen Körpers entlehnt wurde. Die Nahrung wird mit Speichel und Magensaft verbunden und in den Magen transportiert. (...) Von diesem Prozess sind unser Leben, unsere Gesundheit und Kraft (in Gott) abhängig".

ii. Denke an die Freude, die Israel erlebte, als es aus Ägypten herauszog und sich dem Verheißenen Land näherte und dann denke an all die Gräber, die in der Wüste gegraben wurden. Eine wunderbare Verheißung war verfügbar, wurde aber nicht erreicht. Sie blieben zurück, weil das Wort Gottes, obwohl sie es hörten, nicht mit **Glauben verbunden war**.

2. (3-9) Beweis dafür, dass eine „Ruhe" für das Volk Gottes verbleibt.

Denn wir, die wir gläubig geworden sind, gehen in die Ruhe ein, wie er gesagt hat: „Dass ich schwor in meinem Zorn: Sie sollen nicht in meine Ruhe eingehen". Und doch waren die Werke seit Grundlegung der Welt beendigt; denn er hat an einer Stelle von dem siebten [Tag] so gesprochen: „Und Gott ruhte am siebten Tag von allen seinen Werken", und an dieser Stelle wiederum: „Sie sollen nicht in meine Ruhe eingehen!" Da nun noch vorbehalten bleibt, dass etliche in sie eingehen sollen, und die, welchen zuerst die Heilsbotschaft verkündigt worden ist, wegen ihres Unglaubens nicht eingegangen sind, so bestimmt er wiederum einen Tag, ein „Heute", indem er nach so langer Zeit durch David sagt, wie es gesagt worden ist: „Heute, wenn ihr seine Stimme hört, so verstockt eure Herzen nicht!" Denn wenn Josua sie zur Ruhe gebracht hätte, so würde nicht danach von einem anderen Tag gesprochen. Also bleibt dem Volk Gottes noch eine Sabbatruhe vorbehalten.

a. **Dass ich schwor in meinem Zorn**: Dieses Zitat aus Psalm 95,11 zeigt, dass Gott uns eine **Ruhe** zur Verfügung stellt. Diese Ruhe folgt dem gleichen Muster wie die Ruhe, die er „**am siebten Tag von seinem ganzen Werk, das er gemacht hatte,**" einhielt (1.Mose 2,2).

b. **Da nun noch vorbehalten bleibt, dass etliche in sie eingehen sollen**: Gott hat diesen Ort der Ruhe nicht vergeblich geschaffen. Wenn Israel (**welchem zuerst die Heilsbotschaft verkündigt worden ist**) wegen seines Unglaubens nicht in die Ruhe eingehen konnte, würde jemand anderes in diese Ruhe eingehen.

c. **Heute, wenn ihr seine Stimme hört**: Der Appell in Psalm 95,7-8 beweist, dass diese Ruhe, in die das Volk Israel einziehen kann, über die unmittelbare Erfüllung unter Josua hinausgeht. Wenn Josua die Verheißung der Ruhe vollständig erfüllt hätte, wäre Gottes Appell durch **David**, in dem er „**heute**" sagt, unlogisch.

d. **Also bleibt dem Volk Gottes noch eine Sabbatruhe vorbehalten**: Dies alles beweist die Tatsache, dass **dem Volk Gottes eine Sabbatruhe vorbehalten** ist. Es ist eine geistliche **Ruhe**, trotzdem ist sie der Ruhe, die durch Josua möglich gemacht wurde, nachempfunden.

i. Die Erwähnung **Josuas** erinnert uns daran, dass der Name „Jesus" und der Name **Josua** identisch sind. Der zweite Josua wird das vollenden, was der erste Josua nicht vollendete. Jesus ist größer als Mose und der erste Josua.

ii. Diese Ruhe ist in einer Person gegründet - in Jesus Christus - und nicht so sehr in Glaubenslehren- und grundsätzen. Wenn man ein weinendes, aufgewühltes Kind sieht und versucht, es zu trösten und zu beruhigen, indem man Ideen und Logik vorbringt, wirst man ihm damit nicht helfen. Wenn aber die Mutter kommt, ist das Kind schnell wieder fröhlich.

iii. Wer diese Ruhe *predigt*, muss sie auch selbst *besitzen*. „Vor kurzem predigte einer unserer Pastoren über Errettung und das Werk des Geistes in den Herzen, als jemand aus der Versammlung aufstand und voller Respekt fragte: ‚Werter Herr, wissen Sie all dies durch Berichte anderer oder haben Sie es selbst erfahren?' Der Prediger war über diese Frage überhaupt nicht aufgebracht, sondern freute sich darüber, denn er konnte aufrichtig erwidern: ‚Ich habe Christus vertraut. Ich bin errettet und ich kenne und fühle den Frieden, der daraus resultiert.' Wenn er diese feierliche Aussage nicht hätte treffen können, hätte er keinerlei Einfluss auf die Person haben können, die diese Frage gestellt hatte". (Spurgeon)

3. (10) Ruhe bedeutet, die eigenen Werke nicht fortzuführen.

Denn wer in seine Ruhe eingegangen ist, der ruht auch selbst von seinen Werken, gleichwie Gott von den seinen.

a. **Denn wer in seine Ruhe eingegangen ist, der ruht auch selbst von seinen Werken**: In diese Ruhe einzugehen heißt, nicht länger *arbeiten* zu müssen. Das bedeutet nicht, dass es keinen Platz für gute **Werke** mehr gibt, sondern dass **Werke** nicht die Grundlage für unsere Gerechtigkeit sein können.

b. **Der ruht auch selbst von seinen Werken, gleichwie Gott von den seinen**: Diese Beendigung der Werke als Grundlage für unsere Gerechtigkeit erfüllt unsere „Sabbatruhe". Gott ruhte am ersten Sabbat in 1.Mose 2,2 von seinen Werken, weil sie vollendet waren. Wir hören mit unserem Versuch auf, uns durch eigene Werke zu rechtfertigen, weil Jesus das Werk am Kreuz vollendet hat.

4. (11) Nimm die Einladung, durch Glauben in Gottes Ruhe einzugehen, an.

So wollen wir denn eifrig bestrebt sein, in jene Ruhe einzugehen, damit nicht jemand als ein gleiches Beispiel des Unglaubens zu Fall kommt.

a. **So wollen wir denn**: Dieser Ausdruck kommt im Hebräerbrief häufig vor. Eine glaubensentscheidende Wahrheit wird vorgestellt - die Wahrheit, dass die bleibende Ruhe durch Glauben verfügbar ist, - und dann erklärt.

b. **Eifrig bestrebt sein, in jene Ruhe einzugehen**: Die **Ruhe** ist verfügbar, aber Gott zwingt sie uns nicht auf. Wir müssen **in diese Ruhe eingehen**. Ganz offensichtlich kann man durch *Glauben* in diese Ruhe eingehen, aber dazu ist **eifriger** Glaube notwendig. Das zeigt uns, dass Glaube nicht *passiv* ist. Es ist *Eifer* notwendig, auf Jesus und sein Werk für uns zu vertrauen, sich darauf zu verlassen und bei ihm zu bleiben.

c. **Damit nicht jemand als ein gleiches Beispiel des Unglaubens zu Fall kommt**: Wenn wir nicht **eifrig bestrebt sind, in jene Ruhe einzugehen**, kann das Ergebnis ein furchtbares Ereignis sein. Wir kommen vielleicht genauso zu Fall wie **die Beispiele des Unglaubens** und die Kinder Israels in der Wüste.

5. (12-13) Enthüllt durch das Wort Gottes.

Denn das Wort Gottes *ist* lebendig und wirksam und schärfer als jedes zweischneidige Schwert, und es dringt durch, bis es scheidet sowohl Seele als auch Geist, sowohl Mark als auch Bein, und es ist ein Richter der Gedanken und Gesinnungen des Herzens. Und kein Geschöpf ist vor ihm verborgen, sondern alles *ist* enthüllt und aufgedeckt vor den Augen dessen, dem wir Rechenschaft *zu geben haben*.

a. **Denn das Wort Gottes**: Gottes Wort diagnostiziert den Zustand des Menschen mit der Präzision eines Chirurgen. Es legt unser Herz bloß und beurteilt unsere geistliche Gesundheit. Hier zeigt es auf, dass die Gläubigen, an die der Hebräerbrief ursprünglich adressiert war, waren allzu sehr bereit waren, das Versagen Israels nachzuahmen und den starken, lebendigen Glauben aufzugeben.

b. **Lebendig und wirksam**: Wenn das **Wort Gottes** unsere Schwächen und unseren Unglauben auf diese Art und Weise aufdeckt, verdeutlicht es damit auch, dass es Macht, Schärfe und Genauigkeit besitzt. Es erinnert uns beständig daran, dass wir uns dem **Wort Gottes** aus weit gewichtigeren Gründen unterwerfen als dem Wunsch nach intellektuellem Wissen oder dem Verlangen, biblische Tatsachen kennenzulernen. Wir tun es wegen *dem Dienst des Wortes*, weil Gott *uns* in seinem Wort *begegnet* und der *Heilige Geist* auf machtvolle Art und Weise durch das **Wort Gottes** wirkt. Dieser geistliche Dienst des Wortes Gottes geht weit über den grundlegenden bildenden Wert, die Bibel kennen zu lernen, hinaus.

i. Gottes Wort gibt dem, was wir tun, wahre Gesundheit, Fruchtbarkeit, Wohlstand und Erfolg (Psalm 1,3).

ii. Das Wort Gottes hat heilende Kraft und die Macht, aus Unterdrückung zu befreien (Psalm 107,20; Matthäus 8,8, Matthäus 8,16).

iii. Das Wort Gottes reinigt uns. Wenn wir uns nach dem Wort Gottes richten, wird unser Weg gereinigt sein (Psalm 119,9; Johannes 15,3; Epheser 5,26).

iv. Das Wort Gottes, das wir in unseren Herzen bewahren, hält uns von der Sünde fern (Psalm 119,11).

v. Gottes Wort ist ein Ratgeber. Wenn wir uns am Wort Gottes erfreuen, wird es uns zu einer reichhaltigen Quelle der Wegweisung und führt uns (Psalm 119,24).

vi. Gottes Wort ist eine Quelle der Kraft (Psalm 119,28).

vii. Gottes Wort gibt Leben. Es ist eine fortwährende Quelle des Lebens (Psalm 119,93 und Matthäus 4,4).

viii. Gottes Wort ist eine Quelle der Erleuchtung und Führung. Wo das Wort Gottes eingelassen wird, kommt Licht hinein. Es macht den Unverständigen einsichtig und weise (Psalm 119,105 und Psalm 119,130).

ix. Gottes Wort gibt denen Frieden, die es lieben. Sie sind sicher und nichts bringt sie zu Fall (Psalm 119,165).

x. Wo das Wort Gottes gehört und verstanden wird, bringt es Frucht (Matthäus 13,23).

xi. Das Wort Gottes hat Macht und Autorität gegen dämonische Mächte (Lukas 4,36).

xii. Jesus selbst – seine ewige Person – wird als das *Wort* beschrieben. Wenn wir im Wort Gottes sind, sind wir in Jesus (Johannes 1,1).

xiii. Das Wort Gottes zu hören ist für unser ewiges Leben existentiell. Niemand kann vom Tod zum Leben gelangen, ohne das Wort Gottes gehört zu haben (Johannes 5,24; Jakobus 1,21; 1.Petrus 1,23).

xiv. Im Wort Gottes zu bleiben und zu leben ist Beweis für wahre Jüngerschaft (Johannes 8,31).

xv. Das Wort Gottes ist das Mittel zur Heiligung (Johannes 17,17).

xvi. Der Heilige Geist kann mit großer Kraft wirken, wenn das Wort Gottes gepredigt wird (Apostelgeschichte 10,44).

xvii. Das Wort Gottes zu hören vertieft den Glauben (Römer 10,17).

xviii. Das Wort Gottes gibt uns Glaubensgewissheit (1.Korinther 15,2).

xix. Der treue Umgang mit dem Wort Gottes gibt den Dienern des Wortes ein reines Gewissen. Sie wissen, dass sie vor Gott alles getan haben, was ihnen möglich war (2.Korinther 4,2 und Philipper 2,16).

xx. Das Wort Gottes ist das Schwert des Geistes. Es ist die Ausrüstung für den geistlichen Kampf, besonders als Angriffswaffe (Epheser 6,17).

xxi. Das Wort Gottes geht einher mit der Kraft des Heiligen Geistes, mit „großer Gewissheit" (1.Thessalonicher 1,5).

xxii. Das Wort Gottes wirkt effektiv in denen, die glauben (1.Thessalonicher 2,13).

xviii. Das Wort Gottes heiligt die Nahrung, die wir zu uns nehmen (1.Timotheus 4,5).

xxiv. Das Wort Gottes ist nicht tot, es ist lebendig und wirksam und schärfer als jedes zweischneidige Schwert. Das Wort Gottes kann uns untersuchen wie das Skalpell eines Chirurgen, das alles Notwendige wegschneidet und erhält, was wichtig ist (Hebräer 4,12).

xxv. Das Wort Gottes ist die Quelle geistlichen Wachstums für den Christen (1.Petrus 2,2 und 1.Korinther 2,1-5).

c. **Ist lebendig und wirksam**: Es ist kein Wunder, dass der Verfasser der Hebräerbriefs dies sagen kann. Die Bibel ist keine Ansammlung modriger Geschichten und Mythen. Sie birgt Leben und Kraft. Der Prediger macht die Bibel nicht lebendig. Die Bibel *ist* lebendig und sie gibt dem Prediger und jedem, der es im Glauben annimmt, Leben.

i. **Wirksam**: Etwas kann *lebendig* und doch *untätig* sein. Aber das Wort Gottes ist lebendig und aktiv, es ist **wirksam**.

d. **Schärfer als jedes zweischneidige Schwert, und es dringt durch, bis es scheidet sowohl Seele als auch Geist, sowohl Mark als auch Bein**: Gottes

Wort spricht zu uns mit unglaublicher Präzision und der Heilige Geist macht möglich, dass das Wort Gottes tief in unseren Herzen wirken kann.

i. Oft wundern sich die Leute, wie der Prediger es schafft, dass seine Botschaft für ihr Leben so *passend* sein kann. Manchmal fragen sie sich wirklich, ob der Prediger geheime Informationen über ihr Leben besitzt. Aber das liegt nicht notwendigerweise am Prediger. Es ist die Schärfe des Wortes Gottes, welches die Botschaft zum richtigen Empfänger bringt.

ii. „Ein zweischneidiges Schwert hat keine stumpfe Seite: Es schneidet beidseitig. Die durch die Heilige Schrift gegebene Offenbarung Gottes schneidet in alles ein. Jeder Teil ist völlig lebendig und jederzeit bereit, das Gewissen zu schneiden und das Herz zu verwunden. Vertrau darauf, dass es keinen einzigen überflüssigen Vers in der Bibel und kein einziges nutzloses Kapitel gibt". (Spurgeon)

iii. „Obwohl es Schneiden wie ein Schwert hat, hat es auch eine Spitze wie ein Degen und ist so durchdringend, dass es Seele und Geist scheidet. Die Schwierigkeit bei den Herzen einiger Menschen liegt darin, überhaupt dorthin vorzustoßen. Tatsächlich ist das geistliche Durchschneiden des Herzens eines Menschen ohne dieses schneidende Instrument – das Wort Gottes – gar nicht möglich. Aber der Dolch der Offenbarung wird alles durchdringen". (Spurgeon)

e. **Sowohl Seele als auch Geist**: Der Verfasser des Hebräerbriefes unterscheidet zwischen **Seele** und **Geist** und macht damit deutlich, dass man das eine vom anderen scheiden kann.

i. Ganz sicher gibt es *gewisse* Unterschiede zwischen **Seele** und **Geist**. „Das Neue Testament gebraucht das Wort *pneuma* für den menschlichen Geist und meint damit den geistlichen Teil des Menschen, also sein Leben in der Beziehung zu Gott. Das Wort *psyche* hingegen bezieht sich auf das Leben des Menschen abgesehen von seinen geistlichen Erfahrungen, auf seine Beziehung zu sich selbst, auf seine Emotionen und Gedanken. In der paulinischen Theologie besteht zwischen beiden ein starker Gegensatz". (Guthrie)

ii. Aber dieser Abschnitt dient nicht der Betonung der theologischen Unterschiede zwischen **Seele** und **Geist**. „Alle Versuche, [diese Begriffe] auf psychologischer Ebene zu erklären sind überflüssig. Die Ausdrucksweise ist poetisch und verdeutlicht, dass das Wort bis in die innersten Tiefen unseres geistlichen Wesens durchdringt, so, wie das Schwert in einem Körper durch Mark und Bein dringt". (Vincent)

iii. Trotzdem ist es wichtig zu wissen, was die Bibel unter den Begriffen **Seele** und **Geist** versteht. Die Bibel sagt uns, dass der Mensch eine

„äußere" und „innere" Natur besitzt (1.Mose 2,7; 2.Kor.4,16). Der innere Mensch wird mit den Begriffen *Geist* (Apg. 7,59; Matthäus 26,41; Joh.4,23-24) und *Seele* (1.Petrus 2,11; Hebräer 6,19; Hebräer 10,39) beschrieben. Diese beiden Begriffe werden oft im selben Atemzug gebraucht, als allgemeiner Bezug auf den inneren Menschen. Aber dies trifft nicht immer zu. Manchmal wird zwischen **Seele und Geist** eine Unterscheidung getroffen. Man kann sagen, dass sich der Begriff **Seele** eher auf die Persönlichkeit des inneren Menschen bezieht, auf den Verstand, den Willen und die Emotionen des Menschen. Der **Geist** bezieht sich mehr auf die Verbindung mit der geistlichen Welt und auf die Kraft im inneren Menschen.

iv. Bibelstellen wie Hebräer 4,12 und 1.Thessalonicher 5,23 belegen eindeutig, dass sich die Begriffe **Seele und Geist** *in gewisser Weise* unterscheiden. Andere Bibelstellen, z.B. Hiob 7,11 und Jesaja 26,9 machen deutlich, dass beide Begriffe manchmal so gebraucht werden, dass sie sich generell auf den inneren Menschen beziehen.

v. Weil sich Seele und Geist beide auf den „inneren Menschen" beziehen, bringt man sie leicht durcheinander. Oft „segnet" ein Erlebnis, das eigentlich den **Geist** aufbauen sollte, nur die **Seele**. „Seelisches" Aufgebracht sein oder „seelischer" Segen sind nicht falsch, aber sie beinhalten nichts, was uns geistlich aufbaut. Aus diesem Grund ziehen viele Christen von einem aufregenden Erlebnis zum anderen, aber wachsen niemals wirklich **geistlich** – der Dienst, den sie empfangen, ist „**seelisch**". Deswegen ist das Wort Gottes so machtvoll und präzise: es scheidet sowohl **Seele als auch Geist**, vollbringt also etwas, dass nicht einfach ist.

vi. „Hier wird zwischen *Seele* und *Geist* unterschieden. Das erste bezeichnet den untergeordneten Bereich, mit dessen Hilfe wir an das denken und uns das wünschen, was unser gegenwärtiges Leben betrifft. Mit dem Begriff *Geist* wird dagegen eine *übergeordnete Macht* beschrieben, mit deren Hilfe wir *zukünftige Dinge über gegenwärtige stellen*". (Clarke)

vii. Die Begriffe *Fleisch* (Kolosser. 2,5; Matthäus 26,41; Galater. 5,16-17) und *Leib* (Römer 6,6; Römer 8,13; 1.Korinther. 6,13 und 6,19-20) beschreiben den *äußeren* Menschen. Diese Ausdrücke - *Fleisch* und *Leib* – beinhalten scheinbar auch solche Bereiche unserer Persönlichkeit wie Sinne und Gewohnheiten. Wenn wir unserem Fleisch erlauben, unsere Gedanken und Taten zu leiten, endet dies in geistlichem Ruin. Gott möchte, dass wir nicht von unserem **Geist**, nicht vom *Fleisch* und auch nicht von der **Seele** geleitet werden.

f. **Alles ist enthüllt und aufgedeckt vor den Augen dessen, dem wir Rechenschaft zu geben haben**: Niemand kann sich vor Gott verstecken. Er sieht unser Herz und weiß, wie er es anrühren muss und wir müssen ihm darüber **Rechenschaft geben**, wie wir auf seine Berührung reagieren.

i. **Enthüllt** erinnert uns an Adam und Eva im Garten Eden und daran, dass Gott ihre Nacktheit sah. Sie konnten sich vor Gott nicht verstecken und auch wir können das nicht.

ii. **Aufgedeckt** ist die Übersetzung des griechischen Wortes *trachelizo*. Es wird nur an dieser Stelle im Neuen Testament gebraucht. Es wurde verwendet um Ringkämpfer zu beschreiben, die ihre Gegner so kraftvoll im Nacken packten, dass dieser Griff ihnen den Sieg einbrachte. Daher kann das Wort auch "sich niederwerfen" oder „etwas zu Fall bringen" bedeuten, obwohl viele Gelehrte die einfache Übersetzung dieses Wortes, „aufdecken" im Sinne von „einen Gegner bloßstellen und ihn bezwingen", vorziehen.

iii. Im Lichte des Kontextes wird deutlich, dass der Autor des Hebräerbriefes darauf vertraut, dass er in die Herzen seiner Leser vorgedrungen ist, die ja kurz davor standen, Jesus aufzugeben. In diesem Abschnitt macht er deutlich, dass sie es vor Gott nicht verbergen können, wenn sie Jesus den Rücken zukehren. Das Wort Gottes entlarvt sie.

B. Jesus unser Hohepriester.

1. (14) Jesus, unser großer Hohepriester.

Da wir nun einen großen Hohenpriester haben, der die Himmel durchschritten hat, Jesus, den Sohn Gottes, so lasst uns festhalten an dem Bekenntnis!

a. **Da wir nun einen großen Hohenpriester haben**: Der Gedanke, dass Jesus unser Hohepriester ist, wurde schon zuvor erwähnt (Hebräer 2,17 und 3,1). Aber jetzt wird der Gedanke detaillierter ausgeführt.

b. **Da wir nun**: Der Verfasser des Briefes an die Hebräer lenkt die Aufmerksamkeit auf den spezifischen, einzigartigen Charakter Jesu als unseren **Hohenpriester**.

~ Kein anderer **Hohepriester** war jemals **groß** genannt worden.

~ Kein anderer **Hohepriester** … hat **die Himmel durchschritten**.

~ Kein anderer **Hohepriester** ist der **Sohn Gottes**.

c. **So lasst uns festhalten an dem Bekenntnis!** Es ist wunderbar zu wissen, dass wir einen **Hohepriester** haben und dass er einzigartig und erhaben ist. Es ist noch wunderbarer zu wissen, dass er **die Himmel durchschritten hat**, dass er in den Himmel aufgefahren ist und jetzt dort für uns eintritt. Diese beiden Wahrheiten sollten uns dazu ermutigen, **an unserem Bekenntnis festzuhalten.**

2. (15) Unser Hohepriester hat Mitleid mit uns.

Denn wir haben nicht einen Hohenpriester, der kein Mitleid haben könnte mit unseren Schwachheiten, sondern einen, der in *allem* versucht worden ist in ähnlicher Weise [*wie wir*], *doch* ohne Sünde.

a. **Denn wir haben nicht einen Hohenpriester, der kein Mitleid haben könnte**: Der Verfasser des Hebräerbriefes hat bereits sorgfältig die Gottheit Jesu (Hebräer 1,4-14) und auch die Tatsache, dass er zugleich ganz Mensch war (Hebräer 2,5-18), dargelegt. Das bedeutet, dass Jesus, als Gott der Sohn, der zur Rechten des Vaters im Himmel sitzt, unser **Hohepriester, Mitleid mit unseren Schwachheiten hat.**

i. Für die Griechen in dieser Zeit war die Haupteigenschaft eines Gottes *apatheia*, die grundsätzliche Unfähigkeit, irgendetwas zu fühlen. Jesus ist nicht so. Er weiß und fühlt, was wir durchmachen. Das griechische Wort für „**Mitleid haben**" bedeutet wörtlich übersetzt „mit jemandem mit leiden".

ii. Jesus fügte seiner Gottheit das Mensch sein hinzu und lebte unter uns. Wenn man vor Ort gewesen ist, macht es einen Unterschied. Wir können von einer Tragödie an einer Schule hören und gewisses Bedauern empfinden. Aber das ist nicht vergleichbar mit dem Schmerz, den wir empfinden, wenn es sich um die Schule handelt, die wir besucht haben.

b. **Der in allem versucht worden ist in ähnlicher Weise [wie wir], doch ohne Sünde**: Jesus weiß, wie es ist **versucht** zu werden und gegen die Sünde zu kämpfen, obwohl er nie von Sünde beschmutzt war. „Seine Sündlosigkeit war zumindest teilweise eine verdiente Sündlosigkeit, weil er in dem immerwährenden Kampf gegen die Versuchung, die das Leben in dieser Welt mit sich bringt, Sieg um Sieg errungen hat". (Morris)

i. Manchmal denken wir, dass Jesus Versuchung nie so kennen konnte wie wir, weil er Gott ist. Teilweise stimmt das: Jesus stand viel härteren und stärkeren Versuchungen gegenüber als wir sie jemals erfahren haben oder jemals erfahren werden. Der eine, der ohne Sünde war, kennt die Sünde auf eine Art und Weise, wie wir sie nicht kennen, weil nur der, der nie der Versuchung nachgibt, die wahre Kraft der Versuchung kennt. Es stimmt, dass Jesus Versuchung niemals auf diese *innere* Art und Weise erfahren hat, wie wir sie erleben, weil er nie eine sündige Natur hatte, die ihn von *innen heraus* zur Sünde zog. Aber er kannte die Kraft und Wut der *äußerlichen* Versuchung auf eine Art und Weise, die wir niemals erfahren können und bis zu einem Ausmaß, das wir nie erleben werden. Er weiß, was wir durchmachen und hat weitaus Schlimmerem gegenüber gestanden.

ii. „Und doch erduldete er jede Art der Prüfung, die ein Mensch erfahren kann, triumphierend, ohne im Glauben an Gott schwach zu werden und ohne im Gehorsam an Gott nachzulassen. Solche Ausdauer erfordert mehr, nicht weniger als durchschnittliches menschliches Leiden". (Bruce)

c. **Mitleid haben könnte mit unseren Schwachheiten, sondern einen, der in allem versucht worden ist**: Jesus kann mit unseren *Schwachheiten* und unseren *Versuchungen* Mitleid haben, aber er kann nicht mit unserer *Sünde* Mitleid haben. Wir sollten nicht denken, dass Jesus deswegen weniger Mitleid mit uns hat und dass er uns besser verstehen könnte, wenn er selbst gesündigt hätte.

i. „Hört mir zu. Denk nicht, dass der Herr Jesus, wenn er selbst gesündigt hätte, dir gegenüber mitfühlender wäre, denn *die Sünde verhärtet immer*. Wenn der Christus Gottes gesündigt hätte, hätte er die Vollkommenheit seiner mitleidigen Natur verloren". (Spurgeon)

3. (16) Eine Einladung: Komm zum Thron der Gnade.

So lasst uns nun mit Freimütigkeit hinzutreten zum Thron der Gnade, damit wir Barmherzigkeit erlangen und Gnade finden zu rechtzeitiger Hilfe!

a. **So lasst uns nun mit Freimütigkeit hinzutreten**: Weil wir einen Hohepriester haben, der sowohl allmächtig als auch mitfühlend ist, können wir **freimütig** zu seinem Thron kommen. Eine der zentralen Strategien Satans ist es, uns durch Entmutigung davon abzuhalten, jederzeit zu Jesus zu kommen. Der Teufel möchte manchmal, dass wir denken, Jesus sei unerreichbar, und ermutigt uns gleichzeitig vielleicht dazu, Zugang durch Maria oder Heilige zu erstreben statt durch Jesus. Manchmal möchte der Teufel, dass wir uns Jesus so vorstellen als habe er nicht die Macht uns zu helfen und nicht als denjenigen, der auf einem Thron im Himmel sitzt.

i. Freimütig bedeutet nicht stolz, arrogant oder eingebildet.

- Freimütig bedeutet, dass wir *jederzeit* kommen können.

- Freimütig bedeutet, dass wir *ohne jegliches Zögern* kommen können.

- Freimütig bedeutet, dass wir ganz schlicht, *ohne extravagante Worte* kommen können.

- Freimütig bedeutet, dass wir *mit Zuversicht* kommen können.

- Freimütig bedeutet, dass wir *mit Ausdauer* kommen sollten.

b. **Der Thron der Gnade**: Der Thron Gottes ist ein **Thron der Gnade**. Wenn wir zu ihm kommen, **erlangen** wir **Barmherzigkeit** (das bedeutet, *nicht das zu bekommen*, was wir verdient haben) und **finden Gnade** (dies bedeutet, das zu *bekommen*, was wir nicht verdient haben) **zu rechtzeitiger Hilfe**.

i. Die jüdischen Rabbis lehrten damals, dass Gott zwei Throne habe; einen Thron der Barmherzigkeit und einen Thron des Gerichts. Sie sagten dies, weil sie wussten, dass Gott sowohl barmherzig als auch gerecht war, aber diese beiden Eigenschaften nicht miteinander in Einklang bringen konnten. Sie dachten daher, dass Gott deshalb vielleicht zwei Throne habe, um die beiden Aspekte seines Charakters zu verdeutlichen. Auf dem einen Thron handelte er gerecht, auf dem anderen barmherzig. Aber hier, im Lichte des vollendeten Werkes Jesu, sehen wir Barmherzigkeit und Gericht in einem **Thron der Gnade** versöhnt.

ii. Bedenke, dass die Gnade nicht die Gerechtigkeit Gottes ignoriert, sie handelt im Licht des Kreuzes als *Erfüllung* der Gerechtigkeit Gottes.

c. **Gnade finden zu rechtzeitiger Hilfe**: Dankenswerter Weise sorgt Gott für **Hilfe** in Zeiten der Not. Keine Bitte ist zu klein, weil er möchte, *„dass wir um nichts besorgt sind, sondern in allem durch Gebet ... unsere Anliegen vor Gott kundwerden lassen"* (Philipper 4,6).

Hebräer 5 - Jesus, ein Priester für immer

A. Unser mitleidender Hohepriester.

1. (1-4) Prinzipien des Priesterdienstes unter dem Gesetz Moses.

Denn jeder aus Menschen genommene Hohepriester wird für Menschen eingesetzt in dem, was Gott *betrifft*, um sowohl Gaben darzubringen als auch Opfer für die Sünden. Ein solcher kann Nachsicht üben mit den Unwissenden und Irrenden, da er auch selbst mit Schwachheit behaftet ist; und um dieser willen muss er, wie für das Volk, so auch für sich selbst *Opfer* für die Sünden darbringen. Und keiner nimmt selbst diese Ehre, sondern der [empfängt sie], welcher von Gott berufen wird, *gleichwie* Aaron.

a. **Denn jeder aus Menschen genommene Hohepriester**: Gott setzte das Priestertum und das Amt des Hohenpriesters zur Zeit Moses ein. Dies wird in 2.Mose 28 und den folgenden Kapiteln beschrieben. Der Verfasser des Hebräerbriefes fasst die Aufgaben des **Hohenpriesters** treffend zusammen indem er sagt: „**um sowohl Gaben darzubringen als auch Opfer für die Sünden**". Die Hauptaufgabe des **Hohenpriesters** war es, entweder direkt, oder indirekt durch die ihm unterstellten Priester, dem Herrn zu opfern.

i. Der Ausdruck „**Gaben als auch Opfer für die Sünden**" erinnert uns daran, dass nicht jedes Opfer ein Blutopfer war, die dargebracht wurden, um Erlösung von der Sünde zu erlangen. Viele der rituellen Opfer waren schlichte Gaben an Gott und sollten Dankbarkeit und den Wunsch nach Gemeinschaft ausdrücken.

b. **Ein solcher kann Nachsicht üben**: Idealerweise war der Hohepriester mehr als ein „Metzger", der Tiere als Opfergaben schlachtete. Er **übte Nachsicht mit den Unwissenden und Irrenden** und brachte die erlösenden Opfer mit einem liebenden Herzen für das Volk dar. Der Idealvorstellung zufolge besaß der Hohepriester diese **Nachsicht**, weil er verstand, dass auch **er mit Schwachheit behaftet** war.

i. Gott gab spezielle Anweisungen, die dem **Hohepriester** helfen sollten, mit Nachsicht zu dienen. Das Brustschild des **Hohenpriesters** war mit zwölf Edelsteinen besetzt, auf denen die Namen der Stämme Israels eingraviert waren und auch auf den Schulterstücken waren Edelsteine mit den Namen der Stämme befestigt. Dadurch war das Volk Israel immer am *Herzen* und auf den *Schultern* des **Hohenpriesters** (2.Mose 28,4-30). Dies sollte den Hohepriester daran erinnern, nachsichtig zu sein.

c. **Um dieser willen muss er, wie für das Volk, so auch für sich selbst Opfer für die Sünden darbringen**: Gott gab besondere Anweisungen, die den Hohepriester in seinem Dienst daran erinnern sollten, dass auch er **mit Schwachheiten behaftet** war. Am Versöhnungstag musste der **Hohepriester** z.B. zuerst für sich selbst Opfer darbringen. Das sollte ihn und das Volk daran erinnern, dass auch er, genauso wie der Rest des Volkes Israel, Sünden begangen hatte, für die Versöhnung nötig war (3.Mose 16,1-6).

d. **Und keiner nimmt sich selbst diese Ehre, sondern der [empfängt sie], welcher von Gott berufen wird, gleichwie Aaron**: Der Hohepriester wurde *aus* der Gemeinschaft des Volkes Gottes berufen, aber er wurde nicht vom Volk Gottes *erwählt*. Er wurde von Gott *für* sein Volk eingesetzt. Das Prinzip ist hier, dass **keiner sich selbst diese Ehre nimmt**. Das Amt des Hohenpriesters war kein Amt, dass man anstreben oder für das man kandidieren konnte. Es wurde durch das Geburtsrecht vergeben und daher erwählte Gott. Es war eine Ehre, die sich niemand *nehmen* konnte.

i. Das wahre Priestertum und der **Hohepriester** entstammten einer bestimmten Abstammungslinie. Jeder Priester stammte von Jakob ab, dem Enkel Abrahams, dessen Namen später in Israel geändert wurde. Jeder Priester stammte von Levi ab , einem der Söhne Israels. Gott sonderte den Stamm Levi für sich selbst ab. Dieser Stamm sollte ihm dienen und ihn vor der ganzen Nation Israel vertreten (2.Mose 13,2 und 4.Mose 3,40-41). Levi hatte drei Söhne: Gerson, Kahat und Merari. Jede dieser drei Familien und ihre Nachkommen hatten ihre speziellen Pflichten. Die Familie Gersons sorgte für den Vorhang zwischen dem Allerheiligsten und dem Heiligtum, die Seile und die restlichen Vorhänge (4.Mose 3,25-26). Die Familie Kahats kümmerte sich um das Mobiliar der Stiftshütte, wie z.B. den Leuchter, die Altäre und die Lade (4.Mose 3,31-32). Die Familie Meraris sorgte für die Bretter und Säulen der Stiftshütte und des Vorhofs (4.Mose 3.36-37). Diese Familien waren keine eigentlichen *Priester*, obwohl sie Leviten waren. Das Priestertum selbst wurde durch Aaron, den Bruder Moses, aus der Familie Kahat, weitergegeben. Aarons Familie und seine Nachkommen stellten die Priester und den Hohepriester und damit alle, die in der Stiftshütte selbst dienen durften und Gott Opfer darbringen durften.

Der Hohepriester war generell der älteste Sohn Aarons, es sei denn, er hatte sich selbst durch Sünde (wie Nadab und Abihu in 3.Mose 10,1-3) oder nach den Bestimmungen in 3.Mose 21 disqualifiziert. Die Priester wurden also nicht nach Beliebtheit erwählt, sondern von Gott eingesetzt und auch der Hohepriester konnte nicht durch Menschen eingesetzt werden.

ii. Es gibt furchtbare Fälle, in denen Menschen, die nicht Priester waren, sich anmaßten, wie Priester zu handeln, z.B.:

~ Korah, der durch ein Erdbeben, das Gott gesandt hatte, verschluckt wurde (4.Mose 16).

~ König Saul, der als König über Israel abgelehnt wurde (1.Samuel 13,11-14)

~ Ussija, der im Tempel mit Aussatz geschlagen wurde (2.Chronik 26,16).

iii. Auch heute noch ist es uns verboten unser eigener Priester zu sein. Es ist sehr arrogant zu denken, wir könnten uns Gott aus uns selbst heraus nähern, ohne einen Priester. Aber es ist auch abergläubisch zu denken, wir bräuchten irgendeinen anderen Priester als nur Jesus Christus selbst. Gott gibt uns Jesus als Mittler und Priester und wir *müssen* den Priester nutzen, den Gott bereit stellt.

iv. „Ein Sünder kann sich nicht allein direkt an Gott wenden. Möglich ist dies nur durch einen Mittler, einen Priester, der das Wesen Gottes kennt und dessen Willen tut. Unser Wissen über die Menschheit seit dem Sündenfall beweist dies: keine Nation ist ohne Religion, ohne Tempel, ohne Anbetungsstätte oder ohne Priester". (Poole)

2. (5-6) Jesus ist dazu qualifiziert unser Hohepriester zu sein.

So hat auch der Christus sich nicht selbst die Würde beigelegt, ein Hoherpriester zu werden, sondern der, welcher zu ihm sprach: „Du bist mein Sohn; heute habe ich dich gezeugt". *Wie er auch an anderer Stelle spricht:* **„Du bist Priester in Ewigkeit nach der Weise Melchisedeks".**

a. **Christus hat sich nicht selbst die Würde beigelegt ein Hoherpriester zu werden**: Jesus machte sich nicht selbst zum Hohepriester. Genauso, wie über ihn gesagt wurde, dass er der **Sohn** sei (in Psalm 2,7), wurde über ihn auch verkündet, dass er **Priester in Ewigkeit** sei (in Psalm 110,4).

i. Man kann leicht nachvollziehen, warum das Priestertum Jesu für die jüdischen Christen damals schwierig zu verstehen war. Jesus stammte nicht vom Geschlecht Aarons ab. Er hatte nie eine besondere Stellung im Tempel für sich beansprucht und eine solche auch nie ausgeübt. Er *konfrontierte* die religiösen Strukturen statt sich daran zu *beteiligen*.

Zur Zeit Jesu war das Priestertum eine korrupte Institution. Das Amt des Hohenpriesters wurde durch Intrigen und politische Aktivitäten unter korrupten Leitern erlangt.

b. **Heute habe ich dich gezeugt**: Dies bezieht sich auf die Auferstehung Jesu von den Toten. In diesem Moment nahm er seine Rolle als unser großer Hohepriester völlig an, *nachdem er zur Vollendung gelangt ist* (Hebräer 5,9).

i. Jesu Auferstehung macht deutlich, dass er nicht ein Priester wie Aaron war, der zuerst Versöhnung für seine Sünden erlangen musste. Die Auferstehung rechtfertigte Jesus als den Heiligen des Vaters (Apostelgeschichte 2,24 und Apostelgeschichte 2,27), der den Zorn ertrug, den die Sünder verdienten, ohne selbst Sünder zu werden.

c. **Priester in Ewigkeit**: Das ist ein wichtiger Gegensatz. Das Priestertum Jesu ist (genauso wie Melchisedeks) unendlich, aber kein Hohepriester, der von Aaron abstammte, hatte jemals ein **unendliches** Priestertum ausgeübt.

i. Hebräer 7 stellt Jesus als Hohepriester **nach der Weise Melchisedeks** noch ausführlicher dar.

3. (7-11a) Das Mitgefühl Jesu, unseres Hohenpriesters.

Dieser hat in den Tagen seines Fleisches sowohl Bitten als auch Flehen mit lautem Rufen und Tränen dem dargebracht, der ihn aus dem Tod erretten konnte, und ist auch erhört worden um seiner Gottesfurcht willen. Und obwohl er Sohn war, hat er doch an dem, was er litt, den Gehorsam gelernt; und nachdem er zur Vollendung gelangt ist, ist er allen, die ihm gehorchen, der Urheber ewigen Heils geworden, von Gott genannt: Hoherpriester nach der Weise Melchisedeks. Über ihn haben wir viel zu sagen.

a. **Sowohl Bitten als auch Flehen mit lautem Rufen und Tränen**: Der Todeskampf Jesu im Garten Gethsemane (Matthäus 26,36-39; Lukas 22,44) beweist, dass er sich mit dieser Schwierigkeit des Gehorsams abmähte, aber trotzdem gehorchte er perfekt.

i. Das beantwortet auch die Frage: „Wie kann dieser verherrlichte, gekrönte Jesus wissen, was ich hier unten durchmache?" Er weiß es; Gehorsam war für Jesus nicht immer leicht.

b. **Bitten und Flehen**: Das griechische Wort für **Flehen** ist *hiketeria*. Das Wort bedeutet: „ein Olivenzweig, der in Wolle gewickelt ist" (Clarke). Einen solchen Zweig hielten die griechischen Anbeter in den Händen und schwenkten ihn als Zeichen ihrer verzweifelten Gebete und ihres Verlangens. Bedeutsamerweise geschah das Flehen Jesu in einem Garten voller Oliven und er stellte - als Lamm Gottes - die „Wolle" zur Verfügung.

c. **Und ist auch erhört worden um seiner Gottesfurcht willen**: Jesus bat darum, dass der Kelch an ihm vorüber gehen möge (Lukas 22:42), und doch wurde der Kelch nicht von ihm genommen. Trotzdem wurde sein Gebet **erhört**, denn er betete nicht darum dem Willen seines Vaters zu entfliehen, sondern ihn *annehmen* zu können. Dieses Gebet wurde definitiv erhört.

d. **Hat er doch an dem, was er litt, den Gehorsam gelernt**: Obwohl Jesus Gott war und Gott ist, hat er trotzdem **Gehorsam gelernt**. Gott, der in der Herrlichkeit des Himmels thront, kann nur dadurch **Gehorsam** *erfahren*, dass er die Herrlichkeit des Himmels ablegt und sich selbst so demütigt wie Jesus es tat.

i. Jesus gelangte nicht von Ungehorsam zu **Gehorsam**. Er lernte **Gehorsam** durch tatsächliches Gehorchen. Jesus lernte nicht, *wie* man gehorcht. Er lernte, was Gehorsam beinhaltet.

ii. „Gehorsam ist ein Handwerk. Man muss so lange in der Lehre sein, bis man es erlernt hat, weil man sich diese Fähigkeit auf keine andere Art und Weise aneignen kann. Selbst unser gelobter Herr konnte Gehorsam nicht allein durch das Beobachten anderer erlernen, weil es niemandem gab, von dem er diese Art von Gehorsam hätte erlernen können". (Spurgeon)

e. **Hat er doch an dem, was er litt, den Gehorsam gelernt**: Leiden diente dazu Jesus zu lehren. Wenn Leiden gut genug ist um den Sohn Gottes zu lehren, dürfen wir es als Werkzeug der Unterweisung in unserem Leben niemals verachten.

i. Manche sagen, dass wir durch Leiden lernen *können*, aber dass solche Lektionen nur Gottes zweitbeste Wahl sind und dass es seine eigentliche Absicht ist, uns nur durch sein Wort zu lehren, weil er uns niemals durch Anfechtungen und Leiden führen wollte. Aber Jesus war niemals der *zweitbesten* Wahl seines Vaters ausgesetzt.

ii. Die Bibel lehrt an keiner Stelle, dass starker Glaube einen Christen vor allem Leiden bewahrt. Christen sind zum Leiden bestimmt (1.Thessalonicher 3,3). Durch viele Bedrängnisse gehen wir in das Reich Gottes ein (Apostelgeschichte 14,22). Unser gegenwärtiges Leiden ist das Vorspiel zu unserer Verherrlichung (Römer 8,17).

f. **Und nachdem er zur Vollendung gelangt ist, ist er allen, die ihm gehorchen, der Urheber ewigen Heils geworden**: Jesu Erfahrung des Leidens – und seine anschließende Auferstehung – machten ihn vollkommen dazu geeignet, der **Urheber** (die Quelle, der Grund) unseres Heils zu sein.

i. Wenn eine Person stirbt und ein Erbe hinterlässt, kann dies manchmal nie den eingesetzten Erben ausgehändigt werden. Jesus starb, hinterließ ein Erbe und lebt ewig um sicherzustellen, dass sein Volk es erhält. Wie

Spurgeon sagte: „Er starb und gab dadurch das Erbe frei, er stand auf, lebt und sorgt dafür, dass niemand einem seiner Geliebten den Erbteil rauben kann, den er ihnen hinterlassen hat".

ii. Manche möchten nicht, dass Jesus der **Urheber / Autor** ihres Heils ist. Sie möchten ihre eigene Errettungsgeschichte schreiben, aber Gott wird sie nicht lesen. Nur Jesus kann der **Urheber** deines ewigen Heils sein.

g. **Ist er allen, die ihm gehorchen, der Urheber ewigen Heils geworden**: Dieses Heil wird auf **alle, die ihm gehorchen**, ausgedehnt. In diesem Sinne wird „**alle, die ihm gehorchen**" gebraucht um die zu beschreiben, die an ihn glauben. Hier wird ganz simpel vorausgesetzt, dass Gläubige gehorchen.

h. **Von Gott genannt: Hoherpriester nach der Weise Melchisedeks**: Die Betonung wird wiederholt. Jesus ist ein **Hohepriester**, der **von Gott** nach der Weise **Melchisedeks genannt ist** (nicht durch persönliche Ambitionen).

i. **Über ihn haben wir viel zu sagen**: Das „**viel zu sagen**" kommt später in Hebräer 7. Von hier an bis zum Ende von Hebräer 6 beschäftigt sich der Verfasser des Hebräerbriefes mit Problemen, von denen er glaubte, dass sie seine Leser davon abhielten, diese Wahrheit anzunehmen.

B. Eine Ermahnung zur Reife.

1. (11b) Ihre Trägheit im Hören wird aufgedeckt.

Und zwar Dinge, die schwer zu erklären sind, weil ihr träge geworden seid im Hören.

a. **Weil ihr träge geworden seid im Hören**: Das erklärt, warum der Verfasser sich nicht sofort intensiver mit dem Thema Melchisedek beschäftigt. Er wollte einige entscheidende Grundlagen ansprechen, bevor er sich komplizierteren Themen zuwandte, aber der geistliche Zustand seiner Leser machte sie **schwer zu erklären.**

i. Er befürchtete, dass die Auseinandersetzung mit Aaron, Melchisedek und Jesus für seine Leser zu akademisch und theoretisch war. Zur gleichen Zeit war ihm aber auch bewusst, dass dies mehr über seine **trägen** *Hörer* als über die *Botschaft* aussagte. Sie war nicht zu kompliziert, sondern die Zuhörer **waren träge geworden im Hören.**

ii. **Träge im Hören** zu sein bedeutet nicht, ein Problem mit den Ohren zu haben, sondern ein Problem mit dem Herzen. Der Zuhörer ist nicht wirklich an dem interessiert, was Gott zu sagen hat. Das Wort Gottes nicht hören zu wollen weist auf ein echtes geistliches Problem hin. Es kann lt. Sprüche 28,9 sogar der Grund für nicht beantwortete Gebete sein: „*Wer sein Ohr abwendet vom Hören auf das Gesetz, dessen Gebet sogar ist ein Greuel*".

iii. Diese Christen, die darüber nachdachten, Jesus aufzugeben, waren auch **träge geworden im Hören**. Die Trägheit kommt meist zuerst, gefolgt von dem Wunsch aufzugeben. Wenn das Wort Gottes beginnt langweilig zu erscheinen, sollten wir dies als ernsthafte Warnung ansehen.

b. **Weil ihr träge geworden seid im Hören**: Das Wort „geworden" ist wichtig. Es zeigt an, dass sie nicht von Beginn an **träge im Hören** gewesen sind, sondern dass sie so *geworden* sind.

2. (12a) Ihr Mangel an Reife wird aufgedeckt.

Denn obgleich ihr der Zeit nach Lehrer sein solltet, habt ihr es wieder nötig, dass man euch lehrt, was die Anfangsgründe der Aussprüche Gottes sind.

a. **Der Zeit nach**: Gemessen an der Zeit, die sie schon Nachfolger Jesu waren, hätten sie viel reifer sein sollen als sie in Wirklichkeit waren.

b. **Obgleich ihr Lehrer sein solltet**: Dies waren keine besonderen Menschen, die besondere Lehrpositionen einnehmen sollten. Stattdessen **sollten sie Lehrer sein**, so wie jeder Christ ein Lehrer sein sollte.

i. Auf gewisse und wichtige Art und Weise muss jeder Christ ein Lehrer sein, weil wir alle dabei helfen können, andere näher zu Jesus zu führen. Wir beherrschen erst dann etwas wirklich, wenn wir es effektiv an jemand anderen weitergegeben haben. Lehren ist der letzte Schritt des Lernens.

c. **Habt ihr es wieder nötig, dass man euch lehrt, was die Anfangsgründe der Aussprüche Gottes sind**: Das gereicht ihnen nicht zur Ehre. **Die Anfangsgründe** sind nicht unter der Würde eines reifen Christen. Es bedeutet vielmehr, dass jeder in der Lage sein sollte sich selbst zu lehren und sich selbst an **die Anfangsgründe der Aussprüche Gottes** zu erinnern.

3. (12b-14) Ein Kontrast zwischen *Milch und fester Speise*.

Und ihr seid solche geworden, die Milch nötig haben und nicht feste Speise. Wer nämlich *noch* Milch genießt, der *ist* unerfahren im Wort der Gerechtigkeit; denn er ist ein Unmündiger. Die feste Speise aber ist für die Gereiften, deren Sinne durch Übung geschult sind zur Unterscheidung des Guten und des Bösen.

a. **Und ihr seid solche geworden, die Milch nötig haben**: Milch entspricht den Grundlagen aus Hebräer 5,12. Feste Speise ist das „fleischigere" Material wie z.B. das Verständnis über die Verbindung zwischen Jesus und Melchisedek. Es ist nicht so, dass **Milch** schlecht ist, aber diese Christen hätten auch **feste Speise** zu sich nehmen sollen. Petrus erinnert uns daran, dass wir *„als neugeborene Kindlein begierig nach der unverfälschten Milch des Wortes (sein sollen), damit ihr durch sie heranwachst"* (1.Petrus 2,2).

b. **Denn er ist ein Unmündiger**: Im Griechischen bedeutet dieser Ausdruck ,*er ist zum Baby geworden*'. Es gibt nichts Entzückenderes als ein wahres Baby in Jesus. Aber es gibt auch nichts Irritierenderes oder Deprimierenderes als jemand, der schon erwachsen sein *sollte*, aber zum Baby *geworden ist*.

i. Bist du ein Baby geworden? Vielleicht ist dein Leben als Christ unbeständig. Babys werden von einer Person zur anderen gereicht und geistliche Babys „*werden hin- und hergeworfen und umhergetrieben von jedem Wind der Lehre*" (Epheser 4,14-16).

ii. Bist du ein Baby geworden? Vielleicht stiftest du in deinem Leben als Christ Uneinigkeit? Jedes Baby hat sein eigenes Bettchen, an das es sich klammert und das es nicht teilen oder tauschen will. Geistliche Babys haben ihre bestimmte Gemeindeform, die sie als „meine Gemeinde" bezeichnen.

iii. Bist du ein Baby geworden? Vielleicht bist du fasziniert von christlichen Berühmtheiten der einen oder anderen Art. Babys sind auf eine bestimmte Person (Ihre Mutter) konzentriert und geistliche Babys verherrlichen Menschen (*„Ich gehöre zu Paulus! – Ich aber zu Apollos! – Ich aber zu Kephas!"* 1.Korinther 1,12).

iv. Bist du ein Baby geworden? Vielleicht ist dein geistliches Leben eingeschlafen. Babys brauchen viel Schlaf und auch geistliche Babys verbringen viel Zeit mit schlafen.

v. Bist du ein Baby geworden? Vielleicht bist du anderen gegenüber pingelig und launisch. Babys können launisch sein und geistliche Babys sind auch bei Kleinigkeiten pingelig.

c. **Ist unerfahren im Wort der Gerechtigkeit**: Unmündige verraten sich selbst, weil sie **unerfahren im Wort der Gerechtigkeit** sind. Wir erwarten nicht, dass taufrische Christen **im Wort der Gerechtigkeit** *erfahren* sind, wer aber schon länger Christ ist, sollte es sein.

d. **Deren Sinne durch Übung geschult sind zur Unterscheidung des Guten und des Bösen**: Unsere **Sinne sind geschult** (durch Übung und Gewohnheit ausgebildet) **zur Unterscheidung des Guten und des Bösen** (hauptsächlich lehrmäßig, nicht so sehr im moralischen Sinn). Unsere **Sinne** werden **geschult**, wenn wir sie nutzen. Wenn wir uns dazu entscheiden, die Fähigkeit zur Unterscheidung zu nutzen, reifen wir.

i. Diese Christen zeigten ihre Unreife durch ihren Mangel an Unterscheidungsfähigkeit zwischen **Gut und Böse** und durch ihre Überlegungen, Jesus aufzugeben. Ein reifer Christ zeichnet sich durch seine Unterscheidungsfähigkeit und seine unerschütterliche Hingabe an Jesus Christus aus.

ii. Vincent über „**Gut und Böse**": „Nicht moralisch Gut oder Böse, sondern gesunde und verdorbene Lehre. Die logische Schlussfolgerung ist, dass der Leser in einem Zustand ist, der es ihm nicht erlaubt, diese Unterscheidung zu treffen".

iii. Die Fähigkeit zur **Unterscheidung** ist ein kritischer Maßstab der geistlichen Reife. Babys nehmen *alles* in den Mund. Geistliche Babys sind schwach darin, geistliche Dinge voneinander zu unterscheiden und akzeptieren alle geistliche Nahrung.

e. **Deren Sinne durch Übung geschult sind**: Man kann sagen, dass alle fünf menschlichen Sinne ihr geistliches Gegenstück haben.

i. Wir haben einen geistlichen Geschmackssinn: *„Wenn ihr wirklich geschmeckt habt, dass der Herr freundlich ist"* (1.Petrus 2,3). *„Schmeckt und seht, wie freundlich der HERR ist"* (Psalm 34,9).

ii. Wir haben einen geistlichen Gehörsinn: *„Hört, so wird eure Seele leben!"* (Jesaja 55,3). *„Wer ein Ohr hat, der höre, was der Geist den Gemeinden sagt!"* (Offenbarung 2,7)

iii. Wir haben einen geistlichen Sehsinn: *„Öffne mir die Augen, damit ich sehe die Wunder in deinem Gesetz"* (Psalm 119,18). *„Erleuchtete Augen eures Verständnisses [Herzens]"* (Epheser 1,18).

iv. Wir haben einen geistlichen Geruchssinn: *„Ich bin völlig versorgt, seitdem ich (...) eure Gabe empfangen habe, einen lieblichen Wohlgeruch"* (Philipper 4,18).

v. Wir haben einen geistlichen Tastsinn: *„Weil dein Herz weich geworden ist und du dich vor dem HERRN gedemütigt hast"* (2.Könige 22,19). *„Wegen der Verhärtung ihres Herzens, die, nachdem sie alles Gefühl verloren haben, sich der Zügellosigkeit ergeben haben"* (Epheser 4,18-19).

Hebräer 6 – Eine Warnung an entmutigte Gläubige

A. Die grundlegende Natur der Reife.

1. (1a) Über die Grundlagen hinaus gehen.

Darum wollen wir die *Anfangsgründe des Wortes* von Christus lassen und zur vollen Reife übergehen.

a. **Darum**: Der Autor ermahnt seine Leser wegen ihrer geistlichen Unreife, aber er wusste auch, dass dadurch, dass er sie als unreife Menschen behandelt, nichts gewonnen wird. Deswegen wandte er sich anderen Gedanken zu.

b. **Anfangsgründe des Wortes**: Dies ist grundlegendes Wissen, wie z.B. das ABC: Elementare Wissensbausteine, die notwendig sind, aber auf die weiteres Wissen aufgebaut werden muss, ansonsten existiert nur die Grundlage ohne Struktur. Marika fragen, wo Einfügung.

c. **Vollen Reife**: Hier wird das griechische Wort *teleiotes* verwandt, das die Schlachterübersetzung richtig mit „volle Reife" übersetzt. Der Verfasser des Hebräerbriefes möchte nicht vermitteln, dass wir auf dieser Seite der Ewigkeit Vollkommenheit erreichen können, sondern dass wir eine volle Reife in Jesus erreichen können und auch sollten. Daher ist die Aufforderung ganz simpel: **Lasst uns zur vollen Reife übergehen**.

i. „*Teleiotes* beschreibt nicht vollständiges Wissen, sondern eine gewisse Reife im christlichen Glauben". (Barclay)

2. (1b-2) Einige der „Grundlagen", die überwunden werden müssen.

Wobei wir nicht nochmals den Grund legen mit der Buße von toten Werken und dem Glauben an Gott, mit der Lehre von Waschungen, von der Handauflegung, der Totenauferstehung und dem ewigen Gericht.

a. **Wobei wir nicht nochmals den Grund legen**: Diese „Grundlagen" werden in drei Paaren aufgezählt. **Buße** und **Glauben** gehören zusammen. **Waschungen** und die **Lehre von der Handauflegung** bilden ein Paar und auch die **Totenauferstehung** und das **ewige Gericht** gehören zusammen.

b. **Wobei wir nicht nochmals den Grund legen**: Viele betrachten dies als eine biblische Aufzählung wichtiger „Grundlagen" für Christen. Thematisch aufeinander aufbauende Bibelstunden wurden mit dem Gedanken gehalten, dass dies eine gute Liste mit biblischen Lehrgrundsätzen sei. Aber das ist überhaupt nicht das, was der Verfasser des Hebräerbriefes hiermit aufzeigen möchte.

i. Um diese Aufzählung verstehen zu können, muss man grundlegende Fragen stellen:

~ Was ist in dieser Liste unverwechselbar *christlich*?

~ Wo ist die ausdrückliche Erwähnung Jesu oder der Errettung durch Gnade allein?

~ Kann man diese Dinge glauben oder praktizieren und trotzdem kein Nachfolger Jesu Christi sein und nicht glauben, dass er der Messias ist?

ii. „Wenn wir die Inhalte dieses „ABC's" einzeln betrachten, ist es bemerkenswert, wie wenig daran unverwechselbar christlich ist. Praktisch jeder Punkt dieser Aufzählung ließe sich auch in einer normalen orthodoxen jüdischen Gemeinschaft finden. (...) Jeder dieser Punkte erlangt, vom christlichen Standpunkt aus betrachtet, eine neue Bedeutung, trotzdem wird hier der Eindruck vermittelt, dass bestehende jüdische Glaubensgrundsätze und Handlungen als Grundlagen genutzt werden, auf die die christliche Wahrheit aufgebaut wird". (Bruce)

c. **Mit der Lehre von Waschungen**: Nicht einmal die **Waschungen**, von denen hier die Rede ist, sind eindeutig christlich. Das griechische Wort *baptismos*, das hier mit **Waschungen** übersetzt ist, ist nicht dasselbe Wort, das im Neuen Testament verwandt wird, um christliche Taufen (*baptizo*) zu beschreiben. *Baptismos* wird nur bei drei speziellen Gelegenheiten verwandt, um zeremonielle jüdische Waschungen zu beschreiben (Hebräer 9,10; Markus 7,4 und Markus 7,8).

i. Bruce zitiert Nairne: „‚Lehre von Waschungen' – wie unnatürlich sind die Versuche, diesen Plural auf die christliche Taufe zu beziehen".

d. **Den Grund**: In diesem Fall sind die *Anfangsgründe*, die überwunden werden sollen, Elemente des gemeinsamen Hintergrunds zwischen Christentum und Judentum. Dies war die sichere gemeinsame Basis für diese entmutigten jüdischen Christen, auf die sie sich zurückfallen lassen konnten.

i. Weil das Christentum aus dem Judentum entstanden ist, war es eine subtilere Versuchung für einen jüdischen Christen, sich zurück zum Judentum zu wenden, als für einen heidnischen Christen, zu seinem heidnischen Ursprung zurückzukehren. „Teil des Problems, dem die Hebräer gegenüberstanden, waren die oberflächlichen Gemeinsamkeiten zwischen den grundlegenden Lehren des Christentums und denen des Judentums, die dazu führten, dass die jüdischen Christen dachten, sie könnten an beiden festhalten". (Guthrie)

ii. Natürlich wollten diese jüdischen Christen sich nicht von der *Religion* abwenden, aber sie wollten sie weniger unverwechselbar *christlich* machen. Sie kehrten also zurück zu den gemeinsamen Grundlagen, um Verfolgung zu vermeiden. Wer sich an diese bequemen, gemeinsamen Grundlagen hielt, stach nicht so sehr aus der Menge hervor. Ein Jude und ein Christ konnten gemeinsam sagen: „Lasst uns Buße tun, lasst uns glauben, lasst uns zeremonielle Waschungen ausüben" und so weiter. Aber dies war eine subtile Verleugnung Jesu.

iii. Das ist sehr charakteristisch für solche, die sich entmutigt fühlen und am liebsten aufgeben würden. Die Versuchung, weiterhin religiös, aber nicht so „fanatisch" über Jesus zu sein, besteht immer.

3. (3) Eine Aussage der Hoffnung und der Abhängigkeit von Gott.

Und das wollen wir tun, wenn Gott es zulässt.

a. **Wenn Gott es zulässt**: Dies darf nicht so verstanden werden, als ob Gott vielleicht gar nicht wollte, dass sie reifer würden und diese gemeinsamen Grundlagen zwischen Christentum und Judentum überwänden.

b. **Wenn Gott es zulässt**: Stattdessen drückt dies die vollständige Abhängigkeit des Gläubigen von Gott aus. Wenn wir nach der Reife streben, muss uns klar sein, dass alles von Gottes Wohlgefallen abhängt.

B. Die Gefahr des Abfalls.

Vorwort: Die Herangehensweise an umstrittene Bibelabschnitte wie diesen verstehen.

a. Es besteht die große Versuchung, schwierige Abschnitte in das, was wir *denken*, was sie sagen *sollten*, umzuformen, je nach unserer theologischen Auffassung oder Prägung. Trotzdem müssen wir zuerst dafür sorgen, dass wir verstehen, was der Text aussagt (Exegese), bevor wir uns darum bemühen, seine Aussagen in ein theologisches Paradigma einzufügen.

b. Theologische Paradigmen haben ihren Wert, weil sie aufzeigen, wie biblische Ideen verbunden sind und dass die Bibel sich *nicht* widerspricht. Aber der Weg zu richtigen Paradigmen *beginnt mit dem richtigen Verständnis des Textes und nicht mit dem Versuch, den Text in ein Paradigma zu pressen.*

i. „Wir kommen zu diesem Abschnitt mit der Absicht, ihn mit der Schlichtheit eines Kindes zu lesen und alles, was wir dort finden, als Wahrheit festzulegen. Sollte diese Bibelstelle mit etwas, an dem wir zuvor festgehalten haben, nicht übereinstimmen, sind wir darauf vorbereitet, jeder eigenen Lehrmeinung zu entsagen, aber wir wollen und können auch nicht den kleinsten Teil der Schrift außer Acht lassen". (Spurgeon)

ii. „Wir sollten besser inkonsequent mit uns selbst sein, als mit dem eingegebenen Wort. Man hat mich schon als arminianistischen Calvinisten oder calvinistischen Arminianisten bezeichnet und ich bin damit ziemlich zufrieden, solange ich mich ganz an meine Bibel halten kann". (Spurgeon)

c. Satan kennt die Schrift und die folgenden Verse sind zu Recht als „eine der Lieblingsbibelstellen des Teufels" bezeichnet worden, weil sie - aus dem Zusammenhang gerissen - den mit dem Leben als Christ kämpfenden Gläubigen verdammen. Viele Christen wollen am liebsten aufgeben, nachdem sie Satan zugehört haben, wie er ihnen „eine Predigt" über diesen Abschnitt gehalten hat.

1. (4-6) Die Unmöglichkeit der Buße für die, die abfallen, nachdem sie Gottes Segnungen empfangen haben.

Denn *es ist* unmöglich, die, welche einmal erleuchtet worden sind und die himmlische Gabe geschmeckt haben und des Heiligen Geistes teilhaftig geworden sind und das gute Wort Gottes geschmeckt haben, dazu die Kräfte der zukünftigen Weltzeit, und die dann abgefallen sind, wieder zur Buße zu erneuern, da sie für sich selbst den Sohn Gottes wiederum kreuzigen und zum Gespött machen!

a. **Denn es ist unmöglich**: Das Wort „**unmöglich**" wird hier besonders betont. Der Verfasser des Briefes an die Hebräer sagt nicht, dass es nur schwierig ist, sondern er sagt, dass keine Möglichkeit besteht.

i. Bemerke die weitere Verwendung des Wortes "**unmöglich**" im Hebräerbrief:

~ Es ist *unmöglich* für Gott zu lügen (Hebräer 6,18).

~ Es ist *unmöglich*, dass das Blut von Stieren und Böcken Sünden wegnehmen kann (Hebräer 10,4).

~ Es ist *unmöglich,* Gott ohne Glauben wohlzugefallen (Hebräer 11,6).

ii. „Das Wort ‚**unmöglich**' *steht unveränderlich*". (Alford)

b. **Welche einmal erleuchtet worden sind und die himmlische Gabe geschmeckt haben und des Heiligen Geistes teilhaftig geworden sind und das gute Wort Gottes geschmeckt haben, dazu die Kräfte der zukünftigen Weltzeit**: Der Verfasser des Hebräerbriefs spricht von Menschen mit beeindruckenden geistlichen Erlebnissen. Die große Frage ist, ob es sich um das Erlebnis der *Errettung* oder das Erlebnis von etwas *Geringerem als der Errettung handelt*. Um zu erkennen, welche Art Erlebnis hier gemeint ist, ist es hilfreich, jedes beschreibende Wort zu untersuchen.

i. **Erleuchtet**: Dieses griechische Wort hat die gleiche Bedeutung wie das deutsche Wort; es beschreibt jemanden, auf den Lichtstrahlen treffen; beschreibt ein „neues Licht", das auf Verstand und Geist fällt.

ii. **Geschmeckt**: Der Gedanke des „Schmeckens" könnte auch bedeuten, etwas auszuprobieren. Aber andere Stellen, an denen dieses Wort gebraucht wird, lassen darauf schließen, dass es ein ganzheitliches, echtes Erlebnis ist, so, wie Jesus *den Tod schmeckte* (Hebräer 2,9). Die **himmlische Gabe** ist vermutlich die Errettung (wie in Römer 6,23 und Epheser 2,8).

iii. **Des Heiligen Geistes teilhaftig geworden**: Dies ist ein einzigartiger Ausdruck im Neuen Testament. Es bedeutet, „Teil" am Heiligen Geist zu haben und meint das Empfangen des Heiligen Geistes und die Gemeinschaft mit ihm.

iv. **Das gute Wort Gottes geschmeckt haben**: Dies bedeutet, dass sie erfahren haben, dass das Wort Gottes gut ist und dass sie erlebt haben, wie diese Güte in ihnen wirkt.

v. **Die Kräfte der zukünftigen Weltzeit**: Dies ist eine Möglichkeit, Gottes übermächtige Kräfte zu beschreiben. Der Verfasser des Briefes an die Hebräer beschreibt Menschen, die Gottes übermächtige Kräfte erfahren haben.

c. **Die dann abgefallen sind, wieder zur Buße zu erneuern**: Eine der hitzigsten Debatten über das Neue Testament konzentriert sich auf diesen Text. Die Frage ist einfach: Sind diese Menschen mit ihren beeindruckenden geistlichen Erfahrungen wirklich Christen? Sind sie Gottes Auserwählte, vor der Grundlegung der Welt erwählt?

i. Ausleger sind bei diesem Thema geteilter Ansicht. In der Regel treffen sie ihre Meinung mit großer Überzeugung, aber doch ohne miteinander übereinzustimmen.

ii. Auf der einen Seite sehen wir deutlich, dass jemand große geistliche Erlebnisse haben kann, ohne jedoch errettet zu sein (Matthäus 7,21-23). Man kann auch viele religiöse Dinge tun, ohne errettet zu sein. Ein gutes Beispiel für dieses Prinzip sind die Pharisäer im Neuen Testament. Diese Männer taten viele religiöse Dinge, waren aber weder gerettet noch Gott wirklich hingegeben. Die damaligen Pharisäer:

～ evangelisierten voller Elan (Matthäus 23,15).

～ beteten auf beeindruckende Art und Weise (Matthäus 23,14).

～ verpflichteten sich zu drastischem religiösen Einsatz (Matthäus 23,16).

~ gaben ganz strikt und sorgfältig ihren Zehnten (Matthäus 23,23).

~ ehrten religiöse Traditionen (Matthäus 23,29-31).

~ fasteten regelmäßig (Lukas 18,12).

~ und doch nannte Jesus sie *Kinder der Hölle* (Matthäus 23,15).

iii. Trotzdem ist es aus *menschlicher Sicht* unmöglich zu sagen, dass jemand, auf den die Merkmale aus Hebräer 6,4-5 zutreffen, kein wahrer Christ ist. Gott kennt ihr endgültiges Schicksal und hoffentlich kennen es die Einzelnen auch. Dem äußeren Anschein nach qualifizieren solche christlichen Erlebnisse einen Mann vielleicht dazu, Ältester in vielen Gemeinden zu werden. Nur Gott in seiner Weisheit und die besagte Person kennen die Wahrheit; aus *menschlicher Perspektive* müssen wir sagen, dass die, von denen in Hebräer 6,4-5 gesprochen wird, Christen sind. Ein gutes Beispiel dafür ist Demas.

~ Paulus grüßte andere Christen herzlich in seinem Namen (Kolosser 4,14).

~ Demas wird *Mitarbeiter* des Paulus genannt (Philemon 24).

~ Und doch verurteilte Paulus Demas und gibt zumindest einen Hinweis auf seinen Abfall (2.Timotheus 4,10).

iv. All dies zeigt uns, dass es möglich ist, Frucht oder geistliches Wachstum zu zeigen und dann doch – geistlich gesehen – zu sterben; der „Boden des Herzens" war nicht gut (Markus 4,16-19).

v. Deswegen ist der ewige Zustand derer, von denen in Hebräer 6,4-6 gesprochen wird, eine Frage mit zwei Antworten. Wir können sicher sagen, dass sie aus menschlicher Sicht alle Anzeichen der Errettung aufwiesen. Trotzdem ist es, von Gottes Perspektive der vollkommener Weisheit her gesehen, unmöglich, dies auf dieser Seite der Ewigkeit mit Gewissheit zu sagen.

d. **Denn es ist unmöglich … die dann abgefallen sind, wieder zur Buße zu erneuern**: Trotz der beeindruckenden geistlichen Erfahrungen, die sie scheinbar gemacht haben, sind sie in ernster Gefahr. Wenn **sie abgefallen sind**, ist es für sie **unmöglich**, Buße zu tun.

i. Falls dies aufrichtige Christen sind, die „ihre Errettung verloren" haben, gilt die schreckliche Tatsache, dass sie sie *niemals* wieder erlangen können. In den neu entstandenen Gemeinden des 1. Jahrhunderts nutzten dies einige Gruppen (wie z.B. die Montanisten und die Novatianisten) um zu lehren, dass jemand, der nach seiner Taufe eine schwerwiegende Sünde beging, nicht die Möglichkeit hatte umzukehren.

ii. Andere erklärten diesen Abschnitt damit, dass es nur eine hypothetische Warnung (im Lichte der Aussage in Hebräer 6,9) sei. Diesem Erklärungsversuch zufolge hatte der Verfasser des Hebräerbriefes niemals die Absicht zu sagen, dass seine Leser in der Gefahr der Verdammnis standen. Er benutzte eine rein *hypothetische* Gefahr, um sie zu motivieren. Wie dem auch sei, man muss zugeben, dass es von zweifelhaftem Wert ist, jemanden vor etwas zu warnen, dass nicht geschehen kann.

iii. Wieder andere denken, dass es bei dieser Strafe nur um Belohnung geht, nicht um die Errettung selbst. Sie betonen, dass es in diesem Abschnitt heißt, dass **Buße tun unmöglich ist**, nicht die *Errettung*. Daher warne dieser Text Christen, die Gott nicht hingegeben sind, dass sie den Verlust der himmlischen Belohnung riskieren und dass sie nur „um Haaresbreite" errettet sind.

iv. Diesen schwierigen Abschnitt kann man am besten im *Zusammenhang* mit Hebräer 6,1-2 verstehen. Der Verfasser des Briefes an die Hebräer meint, dass alle religiöse „Buße" der Welt denen nicht hilft, die zum Judentum zurückkehren. Sich vom Christsein abzuwenden und zurück zu den „sicheren" Ideen und Gebräuchen ihrer früheren religiösen Erfahrungen zu gehen, bedeutet, Jesus zu verlassen und ihn tatsächlich noch einmal zu kreuzigen. Das galt besonders für Christen mit jüdischem Hintergrund, weil die religiösen Gebräuche, die sie wieder aufnahmen, Tieropfer beinhalteten, durch die man hoffte, Erlösung von Sünden zu erlangen. Damit leugneten sie das vollständige und endgültige Werk Jesu am Kreuz.

e. **Die dann abgefallen sind**: Es ist notwendig, zwischen „*Fallen*" und „**Ab***fallen*" zu unterscheiden. „Abfallen" ist mehr als in Sünde zu fallen; es bedeutet, sich von Jesus selbst abzuwenden. „*Denn der Gerechte fällt siebenmal und steht wieder auf, aber die Gottlosen stürzen nieder im Unglück*" (Sprüche 24,16). Das ist der Unterschied zwischen einem Petrus und einem Judas. Wenn du dich von Jesus abwendest (**abfällst**), gibt es keine Hoffnung.

i. Die Botschaft an diese Christen, die am liebsten aufgeben wollten, ist klar: Wenn du nicht mit Jesus weitergehst, darfst du nicht denken, dass du dadurch errettet wirst, dass du an den Vorstellungen und Erlebnissen festhältst, die das Christentum und das Judentum gemeinsam haben. Wenn du nicht in Jesus gerettet bist, bist du überhaupt nicht gerettet. Es gibt keine Errettung durch eine „gemeinsame Basis", die nicht unverwechselbar *christlich* ist.

ii. Wenn jemand abfällt, müssen wir verstehen, *warum* er nicht Buße tun kann: weil er *nicht will*. Es ist nicht so, dass Gott seine Buße *ver-*

bietet. Weil die Buße selbst ein Werk Gottes ist (Römer 2,4), ist das Verlangen danach Buße zu tun Beweis dafür, dass diese Person nicht wirklich abgefallen ist.

iii. Dass bedeutet nicht, dass jemand, der abgefallen ist, niemals zu Jesus zurückkommen kann. Der Gedanke hier ist: „Wenn du Jesus den Rücken zukehrst, dann erwarte nicht, irgendwo anders Errettung finden zu können, ganz besonders nicht in der Ausübung einer Religion außerhalb der Fülle Jesu".

iv. „Dieser Abschnitt gilt nicht für die, die Angst davor haben, sie könnten verdammt sein. Die Anwesenheit dieser Sorge zeigt ohne jeden Zweifel, dass man nicht zu denen gehört, die abgefallen sind und keine Möglichkeit des Neuanfangs durch die Buße haben. Genauso, wie zur Zeit Salomos die wahre Kindsmutter durch ihre aufrichtige Klage und Trauer identifiziert werden konnte, identifiziert diese Angst vor der Verdammnis einen wahren Christen". (Meyer)

2. (7-8) Die ernsten Konsequenzen des Abfallens werden geschildert.

Denn ein Erdreich, das den Regen trinkt, der sich öfters darüber ergießt, und nützliches Gewächs hervorbringt denen, für die es bebaut wird, empfängt Segen von Gott; dasjenige aber, das Dornen und Disteln trägt, *ist* untauglich und dem Fluch nahe; es *wird* am Ende verbrannt.

a. **Denn ein Erdreich, das den Regen trinkt, ... und nützliches Gewächs hervorbringt ... empfängt Segen von Gott**: Wenn das **Erdreich** Regen trinkt und nützliches Gewächs **hervorbringt**, erfüllt es seinen Zweck und rechtfertigt den Segen, den der Regen, der über es ausgegossen wird, darstellt. Der Verfasser des Briefes an die Hebräer überträgt diese Tatsache auf ganz praktische Art und Weise auf seine Leser: „Ihr seid gesegnet. Aber wo ist die Frucht?" Gott schaut nach dem, was in uns wächst, nachdem er uns gesegnet hat und er hält besonders nach Anzeichen der Reife Ausschau.

b. **Dasjenige aber, das Dornen und Disteln trägt, ist untauglich**: Wenn Boden, der mit Regen gesegnet ist, sich weigert Frucht zu tragen, verurteilt niemand den Bauern, wenn er das Feld abbrennt. Dies zeigt uns, dass Wachstum und Frucht tragen wichtig sind, weil sie uns davon abhalten abzufallen. Wenn wir wirklich Frucht bringen, bleiben wir in Jesus (Johannes 15,5) und stehen nicht in der Gefahr abzufallen.

C. Seid nicht entmutigt.

1. (9) Der Autor gibt zu, dass er etwas härter ist, als es notwendig wäre.

Wir sind aber überzeugt, ihr Geliebten, dass euer Zustand besser ist und mit der Errettung verbunden ist, obgleich wir so reden.

a. **Wir sind aber überzeugt, ihr Geliebten, dass euer Zustand besser ist**: Obwohl er solch ernste Worte gebraucht hatte, war der Verfasser des Briefes zuversichtlich, dass seine Leser weiter mit Jesus gehen würden. Er sieht ihr Ausharren im Glauben als eine Begleiterscheinung ihrer Errettung an.

b. **Obgleich wir so reden**: Diese ermutigenden Worte gleich nach der starken Warnung in Hebräer 6,4-8 sollten nicht so verstanden werden, als sei die Warnung in den vorigen Versen nicht ernst gemeint oder als warne der Verfasser vor unmöglichen Konsequenzen. Wenn überhaupt, zeigt Vers 9 auf, wie sehr diese zweifelnden Christen *Ermutigung* nötig hatten. Die geistliche Gefahr, in der sie sich befanden, war nicht durch absichtliche Rebellion, sondern durch Entmutigung entstanden. Sie mussten gewarnt werden, aber genauso sehr mussten sie auch ermutigt werden.

2. (10-12) Seid nicht entmutigt: Gott hat euch nicht vergessen.

Denn Gott ist nicht ungerecht, dass er euer Werk und die Arbeit der Liebe vergäße, die ihr für seinen Namen bewiesen habt, indem ihr den Heiligen dientet und noch dient. Wir wünschen aber, dass jeder von euch denselben Eifer beweise, so dass ihr die Hoffnung mit voller Gewissheit festhaltet bis ans Ende, damit ihr ja nicht trägt werdet, sondern Nachfolger derer, die durch Glauben und Geduld die Verheißungen erben.

a. **Denn Gott ist nicht ungerecht, dass er euer Werk und die Arbeit der Liebe vergäße**: Wenn wir entmutigt sind, denken wir oft, dass Gott uns und alles, was wir für ihn und seine Kinder getan haben, vergessen hat. Aber Gott würde seine eigene Natur verleugnen, wenn er solche Dinge vergessen würde (er wäre **ungerecht**). Gott sieht und erinnert sich.

i. Manchmal kommt unsere Angst davor, dass Gott **unser Werk und die Arbeit der Liebe vergäße**, daher, dass wir uns auf die Aufmerksamkeit und den Applaus von Menschen verlassen. Es stimmt, dass manche *Menschen* **unser Werk und die Arbeit der Liebe vergessen**; aber Gott wird dies niemals tun.

b. **Wir wünschen aber, dass jeder von euch denselben Eifer beweise, so dass ihr die Hoffnung mit voller Gewissheit festhaltet bis ans Ende**: Der Verfasser des Hebräerbriefes ermutigt wie ein Trainer, der uns zum Weitermachen anspornt. Wir müssen mit unseren guten Werken fortfahren, in dieser Hoffnung bis ans Ende vorwärtsgehen und die imitieren, die Gottes Verheißungen **erben** (nicht: verdienen). Wenn wir dies nicht tun, macht uns die Entmutigung oft **träge**.

c. **Sondern Nachfolger derer, die durch Glauben und Geduld die Verheißungen erben**: Folgt denen nach, die den Schlüssel zur Erlangung der Verheißungen Gottes gefunden haben: **Glaube und Geduld**, wie sie von Abraham gezeigt werden.

i. Wir sind dankbar, dass wir Abrahams Zeugnis kennen und wissen dürfen, dass er keinen *perfekten* Glauben oder *vollkommene* Geduld hatte. Wenn Abraham unsere Schwächen teilte, können wir auch seinen **Glauben** und seine **Geduld** teilen.

d. **Damit ihr ja nicht träge werdet**: Der Gedanke hier ist, dass wir nicht zulassen dürfen, dass Entmutigung uns **träge** macht und wir dann denken, wir könnten ebenso gut aufgeben. Zuerst verlieren wir den Wunsch voranzustreben, dann den Wunsch weiterzugehen.

i. David ging sehr gut mit Entmutigungen um: *„David aber stärkte sich in dem HERRN, seinem Gott"* (1.Samuel 30,6). Es ist ein Segen, wenn andere uns ermutigen, aber darauf müssen wir nicht warten. Wir können uns selbst im Herrn stärken.

3. (13-18) Seid nicht entmutigt, denn Gottes Verheißungen sind zuverlässig.

Denn als Gott dem Abraham die Verheißung gab, schwor er, da er bei keinem Größeren schwören konnte, bei sich selbst und sprach: „Wahrlich, ich will dich reichlich segnen und mächtig mehren". Und da jener auf diese Weise geduldig wartete, erlangte er die Verheißung. Denn Menschen schwören ja bei einem Größeren und für sie ist der Eid das Ende alles Widerspruchs und dient als Bürgschaft. Darum hat Gott, als er den Erben der Verheißung in noch stärkerem Maße beweisen wollte, wie unabänderlich sein Ratschluss ist, *sich* mit einem Eid verbürgt, damit wir durch zwei unabänderliche Handlungen, in denen Gott unmöglich lügen konnte, eine starke Ermutigung haben, wir, die wir unsere Zuflucht dazu genommen haben, die dargebotene Hoffnung zu ergreifen.

a. **Und da jener auf diese Weise geduldig wartete**: Eine Zeit des geduldigen Ausharrens ist eine Zeit geistlicher Angriffe. Es scheint, als ob wir **die Verheißung** Gottes in unserem Leben vielleicht niemals erlangen können. Man fragt sich dann leicht: „Wird Gott wirklich in meine Situation eingreifen?"

b. **Und da jener auf diese Weise geduldig wartete, erlangte er die Verheißung**: Gott griff ein und besiegelte seine Verheißung sogar mit einem Eid. Und weil er **bei keinem Größeren schwören konnte, schwor er bei sich selbst**. Dieser Eid zeigte, dass Gottes Verheißungen (genau wie sein Charakter) unveränderlich sind. Abrahams Vertrauen in diese Tatsache war der Weg zur Erfüllung der Verheißung.

i. „Dieser Abschnitt lehrt uns, (…) dass es angemessen für einen Christen sein kann, einen Eid zu leisten. Das sollten wir festhalten, besonders angesichts der Tatsache, dass einige Fanatiker scheinbar entschlossen sind, jegliches Eid ablegen, das Gott doch in seinem Wort eingesetzt hat, abzuschaffen". (Calvin)

c. **Damit wir durch zwei unabänderliche Handlungen, in denen Gott unmöglich lügen konnte, eine starke Ermutigung haben**: Diese zwei **unabänderlichen Handlungen** sind Gottes *Verheißung* und Gottes *Schwur*. Es ist für Gott unmöglich, in einem dieser beiden Dinge zu lügen. In seiner Verheißung und seinem Schwur kann **Gott unmöglich lügen**.

> i. Die *absolute Zuverlässigkeit* der Verheißungen Gottes sollte uns beeindrucken. „Nun, Brüder, wer unter uns wagt es, dies anzuzweifeln? Wo ist der kühne Sünder, der sich traut, hier nach vorne zu kommen und zu sagen: ‚Ich bestreite Gottes Schwur?' Oh! Lasst uns voller Scham so stark erröten, dass scharlachrot verglichen damit weiß erscheint. Wer könnte sich vorstellen, dass Gottes Kinder ihren himmlischen Vater des Meineids anklagen. Oh, Schande über uns!" (Spurgeon)

d. **Starke Ermutigung** (Rev. Elberfelder Bibelübersetzung: „starker Trost"): Gott ist nicht damit zufrieden, uns einfach nur zu **trösten**. Er möchte uns **stark trösten**. Spurgeon beschreibt die Merkmale des starken Trostes:

~ **Starker Trost** ist nicht von körperlicher Gesundheit abhängig.

~ **Starker Trost** ist nicht abhängig von der Begeisterung des Dienstes in der Öffentlichkeit.

~ **Starker Trost** kann nicht von menschlicher Argumentation erschüttert werden.

~ **Starker Trost** ist stärker als unser schuldiges Gewissen.

> i. „Es ist ein starker Trost, der in Zeiten äußerlicher Anfechtungen ausgeteilt wird: wenn ein Mann der Armut ins Gesicht blickt und hören muss, wie seine kleinen Kinder um Brot betteln. Wenn Bankrott aufgrund unvermeidlicher Verluste droht; wenn der arme Mann gerade seine Frau verloren hat und auch seine Kinder ins gleiche Grab gelegt worden sind; wenn nach und nach seine irdischen Stützen und Annehmlichkeiten weggefallen sind. Dann braucht es starken Trost. Nicht nur in den möglichen Anfechtungen, sondern in den realen Anfechtungen; nicht in den möglichen Bedrängnissen, sondern in den realen Bedrängnissen und in den starken Stürmen des Lebens. Freue dich dann und sage: ‚Obwohl ich diese Dinge nicht so gewählt hätte, hat er doch mit mir einen ewigen Bund geschlossen, der alle Dinge umfasst.' Ich bin sicher, dies ist starker Trost". (Spurgeon)

e. **Die wir unsere Zuflucht dazu genommen haben, die dargebotene Hoffnung zu ergreifen**: Dies ist ein weiterer Grund ermutigt zu sein; wir haben die Gewissheit, dass Gott eine **Zuflucht** der **Hoffnung dargeboten hat**. Wir können uns diese Zuflucht der Hoffnung wie die Zufluchtsstädte vorstellen, die im Gesetz des Mose geschaffen wurde und die in 4.Mose 35 beschrieben werden.

~ Beide, Jesus und die Zufluchtsstädte *sind* für Hilfe suchende Menschen *leicht zu erreichen*. Ein Zufluchtsort ist nutzlos, wenn er nicht erreichbar ist.

~ Beide, Jesus und die Zufluchtsstädte sind *erreichbar für alle*, nicht nur für die Israeliten. Niemand, der in Zeiten der Not zum Zufluchtsort kommt, wird weggeschickt.

~ Beide, Jesus und die Zufluchtsstädte *waren Orte zum Leben*. In Zeiten der Not kam niemand in eine Zufluchtsstadt, um sich einfach einmal umzusehen.

~ Beide, Jesus und die Zufluchtsstädte *sind die einzige Alternative* für Menschen in Not. Ohne diese Zuflucht ist der Untergang sicher.

~ Beide, Jesus und die Zufluchtsstädte ermöglichen *nur innerhalb ihrer Grenzen* Schutz. Sich außerhalb der Grenzen aufzuhalten bedeutet Tod.

~ Beide, Jesus und die Zufluchtsstädte bieten völlige Freiheit mit dem *Tod des Hohenpriesters*.

~ Trotzdem gibt es einen *entscheidenden Unterschied* zwischen Jesus und den Zufluchtsstädten. Die Zufluchtsstädte halfen nur den *Unschuldigen*. Jesus aber nimmt die *Schuldigen* auf und bietet ihnen Zuflucht.

4. (19-20) Seid nicht entmutigt, weil Jesus uns in die Herrlichkeit des Vaters führen wird.

Diese [*Hoffnung*] halten wir fest als einen sicheren und festen Anker der Seele, der auch hineinreicht ins Innere, *hinter* den Vorhang, wohin Jesus als Vorläufer für uns eingegangen ist, der Hoherpriester in Ewigkeit geworden ist nach der Weise Melchisedeks.

a. **Diese Hoffnung halten wir fest als einen (...) Anker der Seele:** Der Anker war in der antiken Welt ein bekanntes Bild für **Hoffnung**. Der Autor will hier verdeutlichen, dass wir in etwas Sicherem, aber Unsichtbaren verankert sind (**das in die Gegenwart hinter dem Vorhang eingeht**).

i. Für ruhige Gewässer braucht man keinen **Anker**. Je rauer das Wetter, desto wichtiger ist ein **Anker**.

~ Wir brauchen einen Anker, um das Schiff zu halten, damit es nicht untergehen kann.

~ Wir brauchen einen Anker, um das Schiff zu stabilisieren und um den Aufenthalt für die Menschen an Bord angenehmer zu machen.

~ Wir brauchen einen Anker, damit das Schiff die erreichte Fahrdistanz nicht wieder verliert.

ii. Das Schiff muss am Anker „festhalten", wie wir an der Hoffnung festhalten müssen. Der Anker selbst muss guten Halt im Meeresboden haben, aber wenn er nicht zugleich auch sicher am Schiff befestigt ist, ist er nutzlos. In gewissem Sinne hat der Anker das Schiff „ergriffen", so wie die Hoffnung uns „ergriffen" hat.

iii. Aber das Bild des **Ankers** passt nur bedingt. Wir sind *oben im Himmel* verankert, nicht unten im Boden und wir sind verankert, *um weiterzugehen*, nicht um stillzustehen.

iv. „Unser Anker ist wie jeder andere nur von Nutzen, wenn wir ihn nicht sehen können. Wenn man den Anker sehen kann, nützt er nichts, es sei denn, er liegt in seichtem Gewässer. Der Anker ist nur von Nutzen, wenn er nicht da ist: er ist mit einem Platschen über Bord gegangen, tief nach unten, liegt dort mitten unter den Fischen und ist nicht sichtbar. Wo ist deine Hoffnung, Bruder? Glaubst du, weil du siehst? Das ist überhaupt kein Glaube". (Spurgeon)

b. **Der auch hineinreicht ins Innere, hinter den Vorhang, wohin der Vorläufer für uns eingegangen ist**: Diese zuversichtliche, ankergleiche Hoffnung lässt uns in das **Innere** Gottes sehen. **Hoffnung** ist genau die Medizin, die entmutigte Christen brauchen.

c. **Jesus als Vorläufer**: Wir können gewiss sein, dass wir in die Gegenwart Gottes kommen können, weil Jesus als **Vorläufer** dort eingegangen ist. Die Hohenpriester im Alten Testament gingen nicht als *Vorläufer*, sondern nur als *Repräsentanten* hinter den Vorhang. Aber Jesus ist in **das Innere** (die Gegenwart) Gottes des Vaters eingegangen, so dass sein Volk ihm dorthin folgen kann.

i. Ein **Vorläufer** (griech. *prodromos*) war Teil eines militärischen Spähtrupps. Ein **Vorläufer** geht nach vorn und weiß, dass andere ihm folgen werden.

ii. „Als nächstes erfahren wir, dass unser Herr als Vorläufer *für uns* eingegangen ist. Es bedeutet, dass er eingegangen ist, um alles in unserem Namen in Besitz zu nehmen. Als Jesus Christus in den Himmel ging, war es so, als schaue er sich alle Throne, alle Palmen, alle Harfen und alle Kronen an und als ob er sagen würde: ‚Ich nehme all dies im Namen meiner Erlösten in Besitz. Ich bin ihr Vertreter und beanspruche die himmlischen Orte in ihrem Namen'". (Spurgeon)

iii. Wenn Jesus der Vorläufer ist, sind wir die „*Nachläufer*". Es gibt keinen Vorläufer ohne Nachläufer. Wir sollten Jesus mit aller Kraft nachfolgen und ihm nachlaufen. Er ist uns vorangegangen und er ist unser Vorbild.

d. **Hinter den Vorhang (...) der Hoherpriester in Ewigkeit geworden ist nach der Weise Melchisedeks**: Der Vergleich mit dem Tempel (**hinter dem Vorhang**) erinnert den Verfasser des Hebräerbriefes an seine Erläuterungen zum

Thema „**Jesus als unser Priester in Ewigkeit nach der Weise Melchisedeks**" (in Hebräer 5,6-10). Diese führt er nun im nächsten Kapitel fort.

Hebräer 7 – Ein besseres Priestertum, ein besserer Hohepriester

A. Das Thema von Hebräer 7.

1. Der Verfasser des Hebräerbriefes erklärt nun ein Thema, das er bereits in Hebräer 2,17 vorgestellt hat: Jesus als unser Hohepriester.

a. In Hebräer 5,10 hatte er begonnen, dieses Thema zu erläutern, musste aber zuerst die entmutigten Christen davor warnen, nicht weiter mit Jesus zu gehen und in ihrem Leben als Christen Rückschritte zu machen.

b. Wie der Autor eines guten Detektivromans beginnt der Verfasser des Hebräerbriefes, Charaktere des Alten Testaments zu beschreiben, die man leicht für unbedeutend hält. Er dagegen führt diese Charaktere zu wahrer Bekanntheit.

2. Diese Christen mit jüdischem Hintergrund waren an Jesus als ihrem Hohepriester interessiert, aber sie brachten einen bedeutenden Einwand gegen diesen Gedanken vor: Jesus stammte nicht von dem priesterlichen Stamm (dem Stamm Levi) und der priesterlichen Familie dieses Stammes (der Familie Aarons) ab.

a. Der Verfasser des Briefes an die Hebräer möchte die intellektuellen Probleme, welche die jüdischen Christen mit dem Evangelium hatten, ausräumen. Diese intellektuelle Blockade hielt sie davon ab, weiterhin in Jesus zu wachsen.

b. Viele Christen haben Blockaden bei intellektuellen Fragen, die gelöst werden *können*, so dass sie dann mit Jesus weitergehen können. Wenn ein Christ mit Fragen zu Themen wie z.B. Schöpfung und Evolution oder dem Wahrheitsgehalt von Wundern kämpft, sollte er diese Probleme lösen, damit er mit Jesus weitergehen kann.

3. Dieses Kapitel ist außerdem wichtig, weil es uns zeigt, wie wir über die von Gott eingesetzten Ordnungen des Priestertums und des Gesetzes denken sollten.

B. Melchisedek und seine Beziehung zum Priestertum Aarons.

1. (1-3) Was wir aus 1.Mose 14,18-20 über Melchisedek wissen.

Denn dieser Melchisedek [war] König von Salem, ein Priester Gottes, des Allerhöchsten; er kam Abraham entgegen, als der von der Niederwerfung der Könige zurückkehrte, und segnete ihn. Ihm gab auch Abraham den Zehnten von allem. Er wird zuerst gedeutet als „König der Gerechtigkeit", dann aber auch als „König von Salem", das heißt König des Friedens. Er ist ohne Vater, ohne Mutter, ohne Geschlechtsregister und hat weder Anfang der Tage noch Ende des Lebens; und als einer, der dem Sohn Gottes verglichen ist, bleibt er Priester für immer.

a. **Er kam Abraham entgegen, als der von der Niederwerfung der Könige zurückkehrte**: Nachdem Abraham die Könige besiegt hatte, die seinen Neffen Lot gefangen genommen hatten, begegnete er einem mysteriösen **Priester** mit Namen **Melchisedek**, der auch König der **Stadt Salem** (veralteter Name der Stadt Jeru-*salem*) war.

i. Die Geschichte zeigt, welche Gefahren darin liegen, wenn man religiöse und zivile Autorität vereint. Deswegen erlaubte Gott es den Königen Israels nicht, gleichzeitig auch Priester zu sein und den Priestern nicht, auch König zu sein. **Melchisedek**, der **König von Salem** und **Priester Gottes, des Allerhöchsten**, ist die einzige Ausnahme.

b. **Priester Gottes, des Allerhöchsten**: Melchisedek war nicht bloß ein Anbeter des wahren Gottes. Er trug den ehrenhaften Titel: **Priester Gottes, des Allerhöchsten.** Die Größe Gottes vergrößerte die Größe des Priestertums Melchisedeks.

i. „Jedes Priestertum wird anhand der Größe der Gottheit bewertet, die verehrt wird. Das bedeutet, dass Melchisedek zu einem herausragenden Priestertum gehörte". (Guthrie)

c. **Und segnete ihn**: Melchisedek segnete Abraham und dieser gab Melchisedek den Zehnten, also den **zehnten Teil** von allem (von der Beute, nachzulesen in 1.Mose 14,20).

d. **Er wird zuerst gedeutet als „König der Gerechtigkeit", dann aber auch als „König von Salem", das heißt König des Friedens**: Der Name **Melchisedek** bedeutet: „König der Gerechtigkeit" und er war auch „**König des Friedens**" (weil der Name **Salem** „Frieden" bedeutet).

i. Die Reihenfolge scheint auf den ersten Moment nicht bedeutsam zu sein, aber sie ist doch wichtig. Zuerst wird Melchisedek „**König der Gerechtigkeit**" genannt, *dann* „**König des Friedens**". Wie immer kommt **Gerechtigkeit** vor dem **Frieden**. Gerechtigkeit ist der einzige wahre Weg zum Frieden. Menschen suchen den Weg zum Frieden in der *Flucht*, im *Ausweichen* oder in *Kompromissen*, aber er lässt sich nur in der Gerechtigkeit finden. „Friede ohne Gerechtigkeit ist wie die glatte Oberfläche des Flusses, bevor er die Niagarafälle hinabstürzt". (Spurgeon)

ii. Die Tatsache, dass diese Namen eine Bedeutung haben und dass der Heilige Geist ihre Bedeutung erklärt, zeigt, dass jedes Wort von Gott eingegeben und wichtig ist. „Der Heilige Geist hat eine Predigt in die Namen hineingelegt: das lehrt uns der Apostel in diesem Abschnitt. Ich glaube an die wörtliche Inspiration der Schrift, daher kann ich verstehen, dass sogar die Namen von Personen und Orten uns lehren können. Wer die wörtliche Inspiration der Schrift ablehnt, muss im Prinzip auch den größten Apostel der Heiden verurteilen, dessen Lehren häufig auf einem Wort basieren. Er macht mehr aus Wörtern und Namen als irgend jemand von uns sich anmaßen sollte und er wurde darin vom Geist des Herrn geleitet und deswegen tat er das zurecht. Ich für meinen Teil habe viel mehr Angst davor, zu wenig aus dem Wort zu machen als davor, zuviel darin zu sehen". (Spurgeon)

e. **Ohne Vater, ohne Mutter**: Weder 1.Mose 14 noch eine andere Bibelstelle geben Informationen über die Abstammung Melchisedeks. Den biblischen Aufzeichnungen zufolge ist er ohne **Vater** oder **Mutter**, und **hat weder Anfang der Tage noch Ende des Lebens**. „Wir sehen nur wenig von ihm, aber wir sehen nichts Geringes in ihm". (Spurgeon)

i. Obwohl sich wirklich alle Ausleger an diesem Punkt widersprechen, denken einige, dass der Vers „**er ist ohne Vater, ohne Mutter, ohne Geschlechtsregister und hat weder Anang der Tage noch Ende des Lebens; und als einer, der dem Sohn Gottes verglichen ist**" bedeutet, dass Melchisedek ein himmlisches Wesen war, wenn nicht sogar eine Erscheinung Jesu vor seiner Fleischwerdung.

f. **Als einer, der dem Sohn Gottes verglichen ist**: Melchisedek war **vergleichbar mit dem Sohn Gottes**. Das bedeutet nicht, dass das Priestertum Jesu dem Melchisedeks entspricht, sondern dass Melchisedeks Priestertum *Jesu* Priestertum entspricht.

i. **Verglichen**: Dieses Wort aus Hebräer 7,3 ist die Übersetzung des griechischen Wortes *aphomoiomenos*, ein Wort, das nur an dieser Stelle des Neuen Testamentes gebraucht wird. „Es ist ein andeutendes Wort, die aktive Form beschreibt ‚eine originalgetreue Kopie oder ein Modell', die passive Form bedeutet: ‚etwas vergleichbar zu machen'". (Guthrie)

ii. Es ist, als ob der Vater den Tag, an dem sein Sohn als Priester Zugang zu dem Bereich hinter dem Vorhang haben wird, nicht abwarten könnte. Er freut sich so sehr auf den wunderbaren Dienst, den Jesus tun wird, dass er die Hauptmerkmale seines Dienstes in Miniatur an Melchisedek gibt". (Meyer)

g. **Bleibt er Priester für immer**: Dies bezieht sich entweder auf das Fortbestehen der priesterlichen Ordnung Melchisedeks oder es ist der Beweis dafür, dass Melchisedek eine alttestamentliche Erscheinung Jesu war. Jesu Priestertum dauert bis zum heutigen Tag und bis in die Ewigkeit an.

2. (4-10) Melchisedek ist größer als Abraham, weil Abraham Melchisedek den Zehnten gab und weil Melchisedek Abraham segnete.

So seht nun, wie groß der *ist*, dem selbst Abraham, der Patriarch, den Zehnten von der Beute gab! Zwar haben auch diejenigen von den Söhnen Levis, die das Priestertum empfangen, den Auftrag, vom Volk den Zehnten zu nehmen nach dem Gesetz, also von ihren Brüdern, obgleich diese aus Abrahams Lenden hervorgegangen sind; Der aber, der sein Geschlecht nicht von ihnen herleitet, hat von Abraham den Zehnten genommen und den gesegnet, der die Verheißungen hatte! Nun ist es aber unwidersprechlich so, dass der Geringere von dem Höhergestellten gesegnet wird; und hier nehmen sterbliche Menschen den Zehnten, *dort aber einer*, von dem bezeugt wird, dass er lebt. Und sozusagen ist durch Abraham auch für Levi, den Empfänger des Zehnten, der Zehnte entrichtet worden; denn er war noch in der Lende seines Vaters, als Melchisedek ihm begegnete.

a. **Abraham gab den Zehnten von der Beute. (...) Die Söhne Levis (...) haben den Auftrag vom Volk den Zehnten zu nehmen nach dem Gesetz**: Das levitische Priestertum empfing den Zehnten Israels aufgrund eines **Auftrags**. Abraham gab den Zehnten *freiwillig* an Melchisedek. Daher ist Abrahams *Geben* an Melchisedek größer als Israels *Zahlung* des Zehnten an die Priester, die von Mose eingesetzt waren.

i. **Den Zehnten von der Beute**: Beute bedeutet wörtlich: „vom Besten der Menge" und meint den besten Teil der Kriegsbeute. Als Abraham Melchisedek den Zehnten gab, nahm er wörtlich „vom Allerbesten".

b. **Ist durch Abraham auch für Levi, den Empfänger des Zehnten, der Zehnte entrichtet worden: denn er war noch in der Lende seines Vaters, als Melchisedek ihm begegnete**: Weil sich der ganze Stamm Levi genetisch gesehen **in der Lende** Abrahams befand, als dieser den Zehnten gab, brachte das alttestamentliche Priestertum dem Priestertum Melchisedeks den Zehnten dar. Dies zeigt, dass Melchisedek sich in einer Position der Autorität über Abraham und seinem Nachkommen Levi befindet.

i. Der Ausdruck „**sozusagen**" in Hebräer 7,9 ist wichtig. Der Verfasser des Hebräerbriefs weiß, dass er eine sinnbildliche, allegorische Aussage trifft, daher will er nicht *zu* wörtlich verstanden werden.

c. **Der Geringere wird von dem Höhergestellten gesegnet**: Dieses Prinzip zeigt auch, dass Melchisedek **höher** als Abraham **gestellt** war, weil er Abraham **segnete**. Indem Abraham den Segen annahm, akzeptierte er die Tatsache, dass Melchisedek **höhergestellt** war.

i. „Der Segen, von dem hier die Rede ist, ist nicht einfach ein ‚ich wünsch dir alles Gute'. Dies sagt auch der Geringere zum Höhergestellten. Es ist stattdessen die Handlung einer Person, welche die Autorität hat, Gottes Absicht, dass er uns nämlich mit guten Dingen beschenken möchte, an uns weiterzugeben". (Macknight, zitiert von Clarke)

C. Die Notwendigkeit eines neuen Priestertums.

1. (11) Das levitische Priestertum hat niemals etwas vollkommen gemacht.

Wenn nun durch das levitische Priestertum die Vollkommenheit [gekommen] wäre – denn unter diesem hat das Volk das Gesetz empfangen - , wozu *wäre es* noch nötig, dass ein anderer Priester nach der Weise Melchisedeks auftritt und nicht nach der Weise Aarons benannt wird?

a. **Wenn nun durch das levitische Priestertum die Vollkommenheit [gekommen] wäre**: Dies zeigt die Notwendigkeit einer anderen Art von Priestertum. Wenn **Vollkommenheit** durch **das levitische Priestertum gekommen** wäre, wäre ein anderes Priestertum unnötig gewesen.

i. Die bloße Tatsache, dass Gott in Psalm 110,4 **einen Priester nach der Weise Melchisedeks** beschreibt, zeigt, dass dem Priestertum **nach der Weise Aarons** etwas fehlt. Gott würde nicht unnötigerweise ein neues Priestertum einsetzen.

ii. Der Ausdruck **levitisches Priestertum** beschreibt das jüdische Priestertum des Alten Testaments. Es wird **levitisch** genannt, weil ein Großteil der Anweisungen für das alttestamentliche Priestertum im Buch Levitikus (3.Mose) stehen.

b. **Denn unter diesem hat das Volk das Gesetz empfangen**: Das alttestamentliche Priestertum ist das Priestertum, das man mit dem mosaischen Gesetz in Verbindung bringt. Das Priestertum Melchisedeks steht in Verbindung zu Abraham, nicht zu Mose.

2. (12) Das sich verändernde Priestertum und die Änderung der Stellung des mosaischen Gesetzes.

Denn wenn das Priestertum verändert wird, so muss notwendigerweise auch eine Änderung des Gesetzes erfolgen.

a. **Wenn das Priestertum verändert wird**: Dies ist eine logische Schlussfolgerung aus Psalm 110,4. Gott würde niemals ein neues Priestertum einsetzen, wenn es nicht notwendig wäre und er würde niemals ein schlechteres

Priestertum einsetzen. Die bloße Erwähnung *der Weise Melchisedeks* zeigt, dass Gott eine **Änderung** des Priestertums wollte.

b. **Notwendigerweise**: Das Priestertum Aarons war mit dem mosaischen Gesetz verbunden. Wenn sich also das Priestertum verändert, sollten wir auch Veränderungen im Status oder in der Stellung des Gesetzes erwarten.

3. (13-14) Jesus konnte nach dem mosaischen Gesetz kein Priester sein, weil er dem falschen Stamm angehörte.

Denn derjenige, von dem diese Dinge gesagt werden, gehört einem anderen Stamm an, von dem keiner am Altar gedient hat; denn es ist ja bekannt, dass unser Herr aus Juda entsprossen ist; und zu diesem Stamm hat Mose nichts über ein Priestertum geredet.

a. **Ein anderer Stamm, von dem keiner am Altar gedient hat**: Unter dem mosaischen Gesetz hatte Gott ausdrücklich geboten, dass nur die aus dem Stamm Levi **am Altar** Opfer darbringen durften.

b. **Denn derjenige, von dem diese Dinge gesagt werden, gehört einem anderen Stamm an**: Jesus stammt offensichtlich nicht von der Familie Aarons oder vom Stamm Levi ab. Der Stamm **Juda** (der Stamm, dem Jesus angehörte), hatte nicht mit dem aaronitischen Priestertum, dem Priestertum, das zum mosaischen Gesetz gehörte, zu tun. Nach dem Priestertum Aarons und dem mosaischen Gesetz konnte Jesus niemals Priester sein. Wenn er unser Hoherpriester ist, so muss sein Amt auf einer anderen Ordnung basieren.

4. (15-17) Gottes Verkündigung in Psalm 110,4, dass der Messias zu einer anderen Art Priestertum gehört.

Und noch viel klarer liegt die Sache, wenn ein anderer Priester auftritt, von gleicher Art wie Melchisedek, der es nicht geworden ist aufgrund einer Gesetzesbestimmung, die auf fleischlicher (Abstammung) beruht, sondern aufgrund der Kraft unauflöslichen Lebens; denn er bezeugt: „Du bist Priester in Ewigkeit nach der Weise Melchisedeks".

a. **Nicht (…) aufgrund einer Gesetzesbestimmung**: Jesu Priestertum basiert nicht auf einem Gesetz oder auf Vererbung (**Abstammung**), sondern auf der Kraft des **unauflöslichen Lebens** Gottes.

b. **Du bist Priester in *Ewigkeit***: Das konnte auch von dem Messias gesagt werden, der ein Priester nach der Weise Melchisedeks war. Dies hätte man niemals von einem Priester nach der Weise Aarons sagen können, keiner von ihnen hatte **die Kraft unauflöslichen Lebens** und jeder von ihnen diente nur eine begrenzte Zeit als Priester, begrenzt durch ihre Lebensdauer.

c. **Aufgrund der Kraft unauflöslichen Lebens**: Matthäus 27,1 sagt: *„Als es aber Morgen geworden war, hielten alle obersten Priester und die Ältesten des Volkes einen Rat gegen Jesus, um ihn zu töten"*. Unter den Verschwörern, die Jesus töten wollten, waren Priester nach der Weise Melchisedeks. Aber durch **die Kraft unauflöslichen Lebens** zeigte Jesus durch seinen Triumph über den Tod, dass sein Priestertum hochrangiger war.

5. (18-19) Warum das Gesetz als Weg zur Herstellung einer Beziehung und eines Zugangs zu Gott aufgehoben ist.

Damit erfolgt nämlich eine Aufhebung des vorher gültigen Gebotes wegen seiner Kraftlosigkeit und Nutzlosigkeit – denn das Gesetz hat nichts zur Vollkommenheit gebracht - , *zugleich aber* die Einführung einer besseren Hoffnung, durch die wir Gott nahen können.

a. **Wegen seiner Kraftlosigkeit und Nutzlosigkeit**: In seiner **Schwachheit und Nutzlosigkeit** konnte das Gesetz **nichts zur Vollkommenheit bringen**. Das Gesetz ist gut darin, Gottes vollkommenen Standard weiterzugeben, aber es kann nicht die Fähigkeit vermitteln, diesen Standard zu halten.

i. „Mögen es alle gesetzlichen Gläubigen erkennen: **Das Gesetz hat nichts zur Vollkommenheit gebracht**. Mögen es die Sieben-Tage-Adventisten erkennen: **Das Gesetz hat nichts zur Vollkommenheit gebracht**. Alle die, welche vom Gesetz als einer Regel fürs Leben träumen, sollten sich daran erinnern: **Das Gesetz hat nichts zur Vollkommenheit gebracht**". (Newell)

b. **Das Gesetz hat nichts zur Vollkommenheit gebracht**: Das Gesetz ist wertvoll, weil es uns Gottes vollkommenen Standard zeigt, aber es war ursprünglich nicht dazu bestimmt, die Grundlage für das Leben eines Christen mit Gott zu sein, weil das Gesetz *kraft- und nutzlos* ist, da es meine Seele nicht erretten oder mir die Macht über Sünde geben kann.

i. Wie ein Experte trifft das Gesetz die Diagnose über unser Problem mit der Sünde und das ist absolut notwendig. Aber das Gesetz bietet nicht das Heilmittel für dieses Problem. Nur Jesus kann uns von unserer Sünde heilen.

c. **Zugleich**: Weil wir jetzt in Jesus eine **bessere Hoffnung haben, durch die wir Gott nahen können**, ist es falsch zurückzugehen und unseren Wandel als Christ auf dem Gesetz aufzubauen. Deswegen ist das Gesetz „annulliert" oder beiseite gestellt in der Hinsicht, dass es nicht länger das dominierende Prinzip unseres Lebens und besonders unserer Beziehung zu Gott ist.

i. „Das griechische Wort *athetesis*, das hier mit „**aufheben**" übersetzt ist, ist das gleiche Wort, das auch in Hebräer 9,26 für ‚*zur Aufhebung der Sünde* durch das Opfer seiner selbst gebraucht wird'. *Das Aufheben des Gesetzes ist genauso uneingeschränkt und rechtskräftig wie das Aufheben der Sünde!*" (Newell)

ii. Das Gesetz gibt uns keine **bessere Hoffnung**: Das Gesetz führt uns nicht **näher** zu Gott wie die Gnade Gottes, die uns in Jesus gegeben ist, das tut. Trotzdem leben viele Christen in einer gesetzlichen Beziehung mit Gott statt in einer Gnadenbeziehung.

i. „Obwohl das Gesetz eine wertvolle Funktion ausübte, lag seine große *Schwäche* darin, dass es selbst denen, die das Gesetz hielten, weder Leben noch Kraft geben konnte, ganz zu schweigen von denn, die dies nicht taten. Tatsächlich war es nicht seine Aufgabe, Kraft zu geben, sondern einen Standard zu schaffen, mit dem der Mensch seine eigene moralische Stellung bewerten konnte. Die *Nutzlosigkeit* des Gesetzes sollte nicht als absolute Wertlosigkeit angesehen werden, sondern als Ineffektivität, weil es keine bleibende Möglichkeit bieten konnte, mit deren Hilfe man sich Gott mittels eines absolut passenden Opfers nähern konnte". (Guthrie)

d. **Eine Aufhebung des vorher gültigen Gebotes (…) zugleich aber die Einführung einer besseren Hoffnung**: Der Verfasser kam zur gleichen Schlussfolgerung über das Gesetz wie Paulus in Galater 3,19-25, aber er gelangte auf völlig anderem Weg zu diesem Fazit. Im Galaterbrief verdeutlicht Paulus das Gesetz als einen Lehrmeister, der uns zu Jesus bringt. Im Hebräerbrief wird die Verbindung des Gesetzes mit einem Priestertum, das von einem überlegenen Priestertum überholt worden war, aufgezeigt.

i. „Hör auf, an Reinigung zu denken und denk an den Reinigenden; versage es Dir, über Befreiung nachzudenken und beschäftige dich mit dem Befreier". (Meyer)

e. **Eine bessere Hoffnung, durch die wir Gott nahen können**: Weil wir ein besseres Priestertum und einen besseren Hohenpriester haben, haben wir auch eine **bessere Hoffnung** und **können uns Gott nahen**. Unsere Hoffnung liegt auf Christus, nicht im mosaischen Gesetz oder in unsere Fähigkeit, es zu halten.

i. Dies sollte unsere Begeisterung über den Wiederaufbau des Tempels in Jerusalem dämpfen. Die kleinen Gruppen hingegebener Juden, die sich dem Wiederaufbau des Tempels verschrieben haben, haben einen spannenden Platz in Gottes prophetischem Plan. Aber jeder, der das aaronitische Priestertum wiedereinführen und die levitischen Opfer (besonders zur Erlösung von Sünden) wieder aufnehmen will, verleugnet das bessere Priestertum und das ultimative Opfer Jesu.

D. Die Überlegenheit unseres Hohepriesters.

1. (20-21) Jesus wurde durch den direkten Schwur Gottes zum Hohepriester.

Und insofern *dies* nicht ohne Eidschwur geschah – denn jene sind ohne Eidschwur Priester geworden, dieser aber mit einem Eid durch den, der zu Ihm sprach: „Der Herr hat geschworen, und es wird ihn nicht gereuen: ‚Du *bist* Priester in Ewigkeit nach der Weise Melchisedeks'".

a. **Und insofern dies nicht ohne Eidschwur geschah**: Das Priestertum Jesu wurde mittels eines Schwurs eingesetzt wie in Psalm 110,4 nachzulesen ist: „Der Herr hat geschworen, und es wird ihn nicht gereuen: ‚*Du bist Priester in Ewigkeit nach der Weise Melchisedeks*'".

b. **Denn jene sind ohne Eidschwur Priester geworden**: Der Hohepriester nach der Weise Melchisedeks wurde per Erbfolge, nicht anhand des persönlichen Charakters oder durch einen Schwur Gottes eingesetzt. Bei Jesus und der **priesterlichen Weise** Melchisedeks war das anders. Gott besiegelte seine Wahl sogar mit einem **Schwur.**

2. (22) Jesus: Unsere Garantie eines besseren Bundes.

[Insofern] ist Jesus um so mehr der Bürge eines besseren Bundes geworden.

a. **Jesus ist Bürge geworden**: Das griechische Wort *egguos*, das hier mit „Bürge" übersetzt ist, beschreibt jemanden, der eine Sicherheit stellt, einen Darlehensvertrag mitunterzeichnet oder Kaution für einen Gefangenen stellt. **Jesus** *selbst* ist die Garantie **eines besseren Bundes.**

b. **Eines besseren Bundes**: Der Alte Bund hatte einen Mittler (Mose), aber niemanden, der für das Volk bürgte. Deswegen versagten sie immer wieder unter diesem Bund. Aber im Neuen Bund – **einem besseren Bund** – gibt es jemanden, der den Vertrag in unserem Namen garantiert. Deswegen ist der Neue Bund von dem abhängig, was Jesus getan hat, nicht von dem, was wir tun. *Er* ist der **Bürge**, nicht *wir*.

c. **Bund**: Das Wort, das hier für „Bund" (griechisch: *diatheke*) verwendet wird, ist nicht der üblicherweise benutzte Ausdruck für „Bund" (*syntheke*). Die wörtliche Bedeutung von *diatheke* beinhaltet eher den Gedanken eines Testaments im Sinne eines letzten Willens. Vielleicht versucht der Verfasser zu betonen, dass es sich hier um eine *diktierte* (also vorgegebene) Vereinbarung handelt, während ein Bund eher eine Vereinbarung zwischen zwei gleichen Parteien ist. Die Vereinbarung, dank derer wir Gott durch Jesus begegnen ist nicht etwas, dass wir mit ihm *ausgehandelt* haben. Er hat uns die Bedingungen *diktiert* und wir können diese Vorgaben entweder akzeptieren oder ablehnen.

d. **Um so mehr**: Dieser Begriff „um so mehr" spricht von der überwältigenden Erhabenheit Jesu Christi und beweist, dass er sowohl würdig als auch in der Lage ist, unsere Garantie zu sein. Der, der mit uns **diesen besseren Bund** unterzeichnet.

3. (23-25) Ein unveränderliches Priestertum bedeutet ewige Errettung.

Und jene sind in großer Anzahl Priester geworden, weil der Tod sie am Bleiben hinderte; er aber hat, weil er in Ewigkeit bleibt, ein unübertragbares Priestertum. Daher kann er auch diejenigen vollkommen erretten, die durch ihn zu Gott kommen, weil er für immer lebt, um für sie einzutreten.

a. **Und jene sind in großer Anzahl Priester geworden**: Das Priestertum unter dem mosaischen Gesetz veränderte sich ständig, daher war es im Laufe der Jahre mal besser, mal schlechter, je nach Charakter der Priester. Im Gegensatz dazu hat Jesus **ein unübertragbares** (nicht veränderliches) **Priestertum**. Jesus wird niemals sterben und hat ein *bleibendes* und *unveränderliches* Priestertum. Wir müssen uns keine Sorgen darum machen, dass ein „schlechter Priester" ihn ersetzen könnte.

b. **In Ewigkeit bleibt**: Das griechische Wort drückt aus, dass jemand „Diener bleibt". Jesus **bleibt in Ewigkeit** und er **bleibt** Diener in Ewigkeit, selbst nachdem er in den Himmel gefahren ist.

c. **Daher kann er auch diejenigen vollkommen erretten**: Die unveränderliche Natur des Priestertums Jesu bedeutet, dass die Errettung, die er uns gibt, auch unveränderlich, bleibend und sicher ist. Weil er **in Ewigkeit** unser Hohepriester bleibt, kann er für *die Ewigkeit* erretten.

i. „Das Verb ‚erretten' wird uneingeschränkt gebraucht. Das bedeutet, dass Christus auf größte, allumfassendste Art und Weise errettet, er errettet die Menschheit in allen Gebieten, in denen sie Errettung nötig hat". (Morris)

d. **Die durch ihn zu Gott kommen**: Dies zeigt uns, *wen* Jesus erretten kann. Hier sind die gemeint, die im Sohn bleiben und die Gemeinschaft mit dem Vater haben. Es zeigt auch, zu wem wir gehen müssen, wenn wir errettet werden wollen: **zu Gott**. Es ist eine Sache, zur Gemeinde zu gehen. Es ist eine andere Sache **zu Gott zu kommen**.

i. Hier wird der Stellenwert des *Bleibens* für die Heilsgewissheit des Gläubigen verdeutlicht. Wenn wir **durch ihn zu Gott kommen, errettet** er uns **vollkommen**. In Jesus finden wir vollständige Heilsgewissheit.

e. **Weil er für immer lebt, um für sie einzutreten**: Es stärkt uns zu wissen, dass Jesus für uns betet und dass **er für immer lebt** um für uns zu beten. Das ist eine riesige Ermutigung für jeden, der am liebsten aufgeben würde.

i. Römer 8,33-34 macht deutlich, dass der Apostel Paulus dieses Werk der Fürbitte, das Jesus für uns tut, für sehr wichtig hält. Dort zeigt er auf, dass Jesus uns durch seine Fürbitte gegen jede Anklage oder Verdammnis verteidigt.

ii. „Unser gelobter Herr tut für uns Fürbitte, aber er beschwichtigt oder besänftigt Gott in keiner Weise. Alles, was Gottes heiliges Wesen und seine gerechte Herrschaft fordern könnten, wurde ein für allemal, vollständig und für immer am Kreuz bezahlt". (Newell)

iii. Jesus tut nicht für uns Fürbitte, um einen verärgerten Vater, der uns vernichten möchte, versöhnlich zu stimmen. Er leiert nicht immerzu Gebete für sein Volk herunter. Es bedeutet, dass er uns beständig vor dem Vater vertritt, so dass wir uns durch ihn Gott nähern können und dass er uns gegen Satans Anschuldigungen und Angriffe verteidigt.

iv. Lukas 22,31-32 ist ein Beispiel der Fürbitte Jesu für seine Nachfolger: *„Simon, Simon, siehe, der Satan hat euch begehrt, um euch zu sichten wie den Weizen; ich aber habe für dich gebetet, dass dein Glaube nicht aufhöre; und wenn du einst umgekehrt bist, so stärke deine Brüder."* Jesus betet, um uns in Anfechtungen, Angriffen und gegen Satans Anschuldigungen zu stärken.

4. (26-28) Jesus ist besser qualifiziert ein Hoherpriester zu sein als jeder Priester unter dem mosaischen Gesetz.

Denn ein solcher Hoherpriester tat uns not, *der* heilig, unschuldig, unbefleckt, von den Sündern abgesondert und höher als die Himmel *ist*, der es nicht wie die Hohenpriester täglich nötig hat, zuerst für die eigenen Sünden Opfer darzubringen, danach für die des Volkes; denn dieses [letztere] hat er ein für allemal getan, indem er sich selbst als Opfer darbrachte. Denn das Gesetz bestimmt Menschen zu Hohenpriestern, die mit Schwachheit behaftet sind; das Wort des Eidschwurs *aber*, der nach der Einführung des Gesetzes erfolgte, den Sohn, der für alle Ewigkeit vollkommen ist.

a. **Denn ein solcher Hoherpriester tat uns not**: Die Priester unter dem mosaischen Gesetz hatten nicht den einzigartigen Charakter des Sohnes Gottes. Jesus ist **heilig, unschuldig** (ohne Arglist oder Betrug), **unbefleckt, von den Sündern abgesondert** (in dem Sinne, dass er ihre Sünden nicht teilt). Jesu' Charakter ist dem aller irdischer Priester weit überlegen.

i. Der Gläubige sollte sich solcher Bibelstellen, die Jesus erheben und seine Überlegenheit zeigen, *rühmen*. „Die Überlegenheit unseres Herrn Jesus ist ein Thema, das nicht jeden interessieren wird. Viele halten dies für eine himmlische Vorstellung, wenn nicht gar für ein Märchen. Trotzdem wird es gemäß der Erwählung der Gnade einen Überrest geben, für den dieser Gedanke unbeschreiblich süß und kostbar ist". (Spurgeon)

b. **Und höher als die Himmel ist**: Zwei Tatsachen beweisen den vollkommenen Charakter Jesu: erstens seine Erhöhung im Himmel und zweitens, dass er **es nicht täglich nötig hatte, für die eigenen Sünden Opfer darzubringen**.

c. **Indem er sich selbst als Opfer darbrachte**: Das ist völlig einzigartig. Ein Priester bringt vielleicht ein Opfer und opfert es selbst auf dem Altar. Aber Jesus war *beides*, der Priester *und* das Opfer. Das ist das *beste* Opfer, das Gott dem Vater dargebracht wird; geopfert durch den *besten* Priester.

i. Als er sich selbst opferte, war dies ein *williges* Opfer. „Oh, dies macht das Opfer Christi so gesegnet und herrlich! Man zerrte die Bullen und Schafe zum Altar, band die Kälber mit Seilen an die Hörner des Altars; aber der Christus Gottes war anders. Niemand zwang ihn zu sterben, er legte sein Leben freiwillig nieder, weil er die Macht hatte es niederzulegen und es sich wiederzunehmen". (Spurgeon)

d. **Denn das Gesetz bestimmt Menschen zu Hohenpriestern, die mit Schwachheit behaftet sind**: Unter dem Gesetz des Mose waren Priester immer Männer mit **Schwachheiten**. Aber Jesus ist ein **Sohn, der für alle Ewigkeit vollkommen ist.** Weil er ein vollkommener Hohepriester ist, konnte **er sich selbst** als vollkommenes Opfer für unsere Sünden darbringen. Jesus ist *vollkommen* dazu qualifiziert, unser *vollkommener* Hohepriester zu sein – **vollkommen für alle Ewigkeit.**

Hebräer 8 – Ein neuer, besserer Bund

A. Jesus, unser himmlischer Priester.

1. (1-2) Eine Zusammenfassung der Aussagen, die zuvor über Jesus als unseren Hohepriester getroffen wurden.

Die Hautsache aber bei dem, was wir sagen, *ist*: Wir haben einen solchen Hohenpriester, der sich gesetzt hat zur Rechten des Thrones der Majestät im Himmel, einen Diener des Heiligtums und der wahrhaftigen Stiftshütte, die der Herr errichtet hat und nicht ein Mensch.

a. **Die Hauptsache aber bei dem, was wir sagen, ist**: Der Verfasser des Hebräerbriefes fasst die **Hauptaussagen** des letzten Kapitels zusammen. Wir haben einen **Hohenpriester**, Jesus Christus, der uns von einer Stellung der Autorität und Vollmacht im Himmel dient (**gesetzt zur Rechten des Thrones der Majestät im Himmel**).

b. **Der sich gesetzt hat zur Rechten des Thrones der Majestät im Himmel**: Darüber hinaus **sitzt** Jesus im Himmel, im Gegensatz zu dem fortwährenden Dienst des Priestertums unter dem mosaischen Gesetz.

i. Die Stiftshütte und der Tempel des alten Bundes waren mit wunderbaren Möbelstücken ausgestattet, aber für die Priester gab es dort keine Möglichkeit sich *hinzusetzen*, weil ihre Arbeit nie beendet war. Das Werk Jesu ist vollendet, er **sitzt** im Himmel.

c. **Ein Diener des Heiligtums und der wahrhaftigen Stiftshütte**: Jesus dient nicht als Priester in einer irdischen Stiftshütte oder einem irdischen Tempel. Er dient in der **wahrhaftigen Stiftshütte, die der Herr errichtet hat**, im **Original**, das Gott gemacht hat. Die Stiftshütte Moses war eine *Kopie* dieses **Originals** und sie war von Menschen geschaffen (2.Mose 25,8-9).

i. Manche nehmen an, dass die **wahrhaftige Stiftshütte** die Gemeinde oder Jesu irdischer Leib ist. Aber es ist besser, sie als himmlische Realität anzusehen, deren Nachahmung die irdische Stiftshütte ist.

2. (3) In Jesu Priestertum gab es ein Opfer – ein besseres Opfer.

Denn jeder Hohepriester wird eingesetzt, um Gaben und Opfer darzubringen; daher muss auch dieser etwas haben, was er darbringen kann.

a. **Denn jeder Hohepriester wird eingesetzt, um Gaben und Opfer darzubringen**: Im Konzept des Priestertums ist ein Opfer für Sünden absolut notwendig. Jesus vertrat ein ranghöheres Priestertum und opferte ein erhabeneres Opfer. Er legte sein eigenes Leben nieder um für die Sünde zu büßen.

b. **Daher muss auch dieser etwas haben, was er darbringen kann**: Obwohl Jesus niemals ein Opfer gemäß dem mosaischen Gesetz darbrachte, opferte er ein besseres Opfer – er opferte sich selbst.

3. (4-5) Jesu Priestertum hatte einen Tempel - einen besseren Tempel.

Wenn er sich nämlich auf Erden befände, so wäre er nicht einmal Priester, weil hier die Priester sind, die nach dem Gesetz die Gaben opfern. Diese dienen einem Abbild und Schatten des Himmlischen, gemäß der göttlichen Weisung, die Mose erhielt, als er die Stiftshütte anfertigen sollte: „Achte *darauf*", heißt es nämlich, „dass du alles nach dem Vorbild machst, das dir auf dem Berg gezeigt worden ist!"

a. **Wenn er sich nämlich auf Erden befände, so wäre er nicht einmal Priester**: Jesus ist nicht dazu qualifiziert, im unterlegenen, irdischen Priestertum zu dienen. **Hier sind Priester** - und es sind viele - zum Dienen nach dem mosaischen Gesetz qualifiziert.

b. **Diese dienen einem Abbild und Schatten des Himmlischen**: Es gab viele Priester, die in dem **Abbild und Schatten** auf Erden dienen konnten. Aber Jesus ist der Einzige, der dazu qualifiziert ist, in dem erhabenen, himmlischen Priestertum zu dienen. Der irdische Dienst war, obwohl er in den Augen der Menschen ruhmvoll war, in Wirklichkeit nur ein **Abbild und Schatten** des größeren, himmlischen Dienstes.

c. **Abbild und Schatten des Himmlischen**: In 2.Mose 25,40 lesen wir, dass die irdische Stiftshütte nach einem himmlischen *Vorbild* gebaut wurde. *„Nach dem Vorbild, das dir* (Mose) *auf dem Berg gezeigt wurde"* (2.Mose 25,40). Es gibt also einen **himmlischen** Tempel, der als Vorbild für die irdische Stiftshütte und den irdischen Tempel diente. Jesu Dienst als unser Hohepriester geschieht in diesem **himmlischen** Tempel, nicht in dem **Abbild und Schatten** auf Erden.

i. Die Juden des ersten Jahrhunderts waren sehr stolz auf ihren Tempel und zwar aus gutem Grund: Es war eine spektakuläre architektonische Leistung. Doch egal, wie herrlich der Tempel in Jerusalem war, er war von Menschen (größtenteils von Herodes dem Großen, einem korrupten und gottlosen Mann) gebaut. Daher ist dieser Tempel *nichts* im Vergleich zu dem himmlischen Tempel, in dem Jesus dient.

4. (6) Das Ergebnis: Jesus steht einem erhabenerem Priestertum mit einem besseren Bund und besseren Verheißungen vor.

Nun aber hat er einen um so erhabeneren Dienst erlangt, als er auch der Mittler eines besseren Bundes ist, der aufgrund von besseren Verheißungen festgesetzt wurde.

a. **Nun aber hat er einen um so erhabeneren Dienst erlangt**: Kein irdischer Priester hätte die Sünde so wegnehmen können wie Jesus es getan hat. Deswegen ist Jesu **Dienst** viel besser als der Dienst des Priestertums unter dem mosaischen Gesetz.

b. **Mittler eines besseren Bundes**: Jesus hat uns einen **besseren Bund** gegeben, einen Bund der Gnade und nicht der Werke, der uns durch einen Bürgen (Hebräer 7,22) garantiert ist. Es ist ein **Bund**, der durch Glauben und Empfangen gekennzeichnet ist, nicht durch Verdienen und Erarbeiten.

i. Jesus ist unser **Mittler** für diesen großartigeren Bund. **Mittler** ist die Übersetzung des griechischen Worts *mesites* und bedeutet: „jemand, der zwischen zwei Menschen steht und sie zusammenbringt". (Barclay)

ii. Mose war der Mittler des alten Bundes, weil er „die beiden Parteien zusammenbrachte". Jesus ist der **Mittler** des neuen Bundes, **eines besseren Bundes**, der uns zu Gott dem Vater bringt.

iii. Jesu Bund ist **ein besserer Bund**, besser als jeder Bund, den Gott zuvor mit den Menschen geschlossen hatte. Der Bund Jesu erfüllt alle vorigen Bündnisse, die in der Bibel beschrieben werden.

~ Es gibt einen *ewigen Bund* zwischen den Personen der Dreieinigkeit, der die Errettung des Menschen möglich machte (Hebräer 13,20).

~ Gottes Heilsplan wurde durch den Bund, den er mit *Abraham* schloss (1.Mose 12,1-3), fortgesetzt.

~ Der *mosaische Bund* war ein weiterer Schritt in Gottes Heilsplan (2.Mose 24,3-8).

~ Der *Bund mit David* war wieder ein weiterer Schritt in Gottes Heilsplan (2.Samuel 7,1-16).

~ Der Heilsplan Gottes wurde im *Neuen Bund* (Lukas 22,14-20) erfüllt.

c. **Der aufgrund von besseren Verheißungen festgesetzt wurde**: Jesus hat **bessere Verheißungen** für uns. Es sind **Verheißungen**, die uns durch die verzweifeltsten und dunkelsten Zeiten hindurch begleiten. Es sind **Verheißungen**, die für uns durch den Geist Gottes lebendig werden. Es sind **Verheißungen** des Segens und der unverdienten Gunst und keine Flüche, die uns angedroht werden

B. Die Überlegenheit des Neuen Bundes.

1. (7) Die Tatsache, dass Gott von einem anderen Bund spricht, beweist, dass dem Alten Bund etwas fehlt.

Denn wenn jener erste [Bund] tadellos gewesen wäre, so wäre nicht Raum für einen zweiten gesucht worden.

a. **Denn wenn jener erste [Bund] tadellos gewesen wäre**: Es liegt in der Natur des Menschen, sich etwas „Neues", aber nicht notwendiges auszudenken. Gott ist nicht so. Wenn Gott einen Neuen Bund einsetzt, bedeutet das, dass dem Alten Bund etwas fehlte.

2. (8-12) Der Neue Bund, wie er im Alten Testament dargestellt wird (zitiert aus Jeremia 31,31-34).

Denn er tadelt doch, indem er zu Ihnen spricht: „Siehe, es kommen Tage, spricht der Herr, da ich mit dem Haus Israel und mit dem Haus Juda einen neuen Bund schließen werde; nicht wie der Bund, den ich mit ihren Vätern gemacht habe an dem Tag, als ich sie bei der Hand nahm, um sie aus dem Land Ägypten zu führen – denn sie sind nicht in meinem Bund geblieben, und ich ließ sie gehen, spricht der Herr -, sondern das *ist* der Bund, den ich mit dem Haus Israel schließen werde nach jenen Tagen, spricht der Herr: Ich will ihnen meine Gesetze in den Sinn geben und sie in ihre Herzen schreiben; und ich will ihr Gott sein, und sie sollen mein Volk sein. Und es wird keiner mehr seinen Nächsten und keiner mehr seinen Bruder lehren und sagen: Erkenne den Herrn! Denn es werden mich alle kennen, vom Kleinsten bis zum Größten unter ihnen; denn ich werde gnädig sein gegen ihre Ungerechtigkeiten, und an ihre Sünden und ihre Gesetzlosigkeiten werde ich nicht mehr gedenken".

a. **Tadelt doch**: In Jeremia 31 zeigte Gott dadurch, dass der *Neue* Bund verheißen wurde, auf, dass dem Alten Bund etwas fehlte. Zu Lebzeiten Jeremias lag der Neue Bund noch in der Zukunft, weil er schrieb: „**Siehe, es kommen Tage**".

i. Im Kontext betrachtet sehen wir, dass Jeremias Prophetie vermutlich aus der Zeit des Königs Josias stammt. Unter seiner Herrschaft hatte es nach der Auffindung des Gesetzes eine Zeit der Erneuerung gegeben (2.Könige 23,3). Diese Erneuerung war gut, aber sie war nicht ausreichend. Das sehen wir daran, dass Jeremia auf einen **Neuen Bund** wartet.

b. **Da ich (…) schließen werde**: Der Herr macht deutlich, dass dieser Bund seinen Ursprung in Gott hat, nicht im Menschen. Am Berg Sinai unter dem Alten Bund waren die Schlüsselworte „*wenn ihr*" (2.Mose 19,5), aber im Neuen Bund sind die Schlüsselworte: „**Ich werde**".

c. **Ein neuer Bund**: Dies bedeutet wirklich **neu**, nicht einfach „neu und verbessert", so, wie es uns die Werbung suggeriert. Heute werden Produkte als

„neu und verbessert" verkauft, obwohl es keinen wesentlichen Unterschied zum alten Produkt gibt. Wenn Gott aber **„neu"** sagt, meint er **„neu"**.

i. Es gibt zwei griechische Wörter, die etwas Neues beschreiben. *Neos* bedeutet, dass etwas *zeitlich* betrachtet neu ist. Etwas kann z.B. die Kopie von etwas Altem sein, es wurde aber erst kürzlich hergestellt. Das bezeichnet man als *neos*. Das griechische Wort *kainos* (das hier gebraucht wird) beschreibt etwas, das nicht nur zeitlich gesehen **neu** ist, sondern auch von völlig **neuer**, nie da gewesener Qualität ist. Es ist nicht einfach eine Reproduktion von etwas Altem.

d. **Mit dem Haus Israel und mit dem Haus Juda**: Der Neue Bund begann definitiv mit Israel, aber es war nie Gottes Absicht, dass der Bund mit Israel enden sollte (Matthäus 15,24 und Apostelgeschichte 1,8).

e. **Nicht wie der Bund, den ich mit ihren Vätern gemacht habe**: Dieser Bund ist *nicht wie* der **Bund**, den Gott mit den **Vätern** Israel geschlossen hatte. Hier wird wieder betont, dass der Neue Bund grundlegend *anders* ist als der Alte Bund.

f. **Denn sie sind nicht in meinem Bund geblieben**: Die Schwäche des Alten Bundes lag nicht im Bund selbst, sondern in der Schwäche und Unfähigkeit des Menschen. Der Grund, warum der Alte Bund nicht „funktionierte", war, dass **„sie nicht in meinem Bund geblieben sind"**.

g. **Ich will ihnen meine Gesetze in den Sinn geben und sie in ihre Herzen schreiben**: Die Eigenschaften des Neuen Bundes verändern von innen her, es gibt keine Regeln durch ein äußerliches Gesetz.

i. Der Alte Bund wurde mit so großer Furcht und solchem Terror eingeführt, dass eigentlich jeder aus Furcht heraus hätte gehorchen müssen. Aber sie sündigten fast sofort gegen den Alten Bund. Im Neuen Bund geschieht Gehorsam durch das Gesetz, das ihnen **in den Sinn** und **in ihre Herzen** geschrieben wurde.

h. **Ich will ihr Gott sein, und sie sollen mein Volk sein**: Der Neue Bund zeichnet sich durch eine größere Intimität mit Gott aus, die unter dem Alten Bund nicht möglich war.

i. „Der beste Weg, jemanden dazu zu bringen, ein Gesetz zu halten ist, ihn dazu zu bringen, den Gesetzgeber zu lieben". (Spurgeon)

i. **An ihre Sünden und ihre Gesetzlosigkeiten werde ich nicht mehr gedenken**: Der Neue Bund bietet eine wirkliche und vollständige Reinigung von Sünden, anders und besser als das bloße „Überdecken" der Sünden im Alten Testament.

3. (13) Die Bedeutung eines *Neuen* Bundes.

Indem er sagt: „*Einen neuen*", hat er den ersten [Bund] für veraltert erklärt; was aber veraltet ist und sich überlebt hat, das wird bald verschwinden.

a. **Hat er den ersten [Bund] für veraltet erklärt**: Jetzt, wo der Neue Bund eingesetzt ist, ist der Alte Bund veraltet.

b. **Was aber veraltet ist und sich überlebt hat, das wird bald verschwinden**: Die Botschaft an diese entmutigten jüdischen Christen, die daran dachten, zurück zu einem jüdischeren Glauben zu gehen, ist klar. Sie *können* einfach nicht zu einem unterlegeneren Bund zurückgehen, der bald vollständig **verschwinden** wird.

i. Das Opfersystem unter dem mosaischen Gesetz **verschwand** kurz danach mit der Zerstörung des Tempels und der Zerstörung Jerusalems durch die Römer.

C. Unterschiede zwischen dem Alten und dem Neuen Bund

1. Sie wurden zu verschiedenen Zeitpunkten eingesetzt.

~ Der Alte Bund ca. 1446 vor Christus.
~ Der Neue Bund ca. 33 nach Christus.

2. Sie wurde an unterschiedlichen Orten eingesetzt.

~ Der Alte Bund auf dem Berg Sinai.
~ Der Neue Bund auf dem Berg Zion.

3. Sie wurden auf unterschiedliche Art und Weise verkündet.

~ Der Alte Bund wurde mit Furcht und Schrecken auf dem Berg Sinai gedonnert (2.Mose 19,17-24).
~ Jesus Christus, der Sohn Gottes, verkündete den Neuen Bund mit Liebe und Gnade.

4. Sie haben unterschiedliche Mittler.

~ Mose war der Mittler des Alten Bundes.
~ Jesus ist der Mittler des Neuen Bundes.

5. Sie haben unterschiedliche Inhalte.

~ Der Alte Bund *verlangte* einen Bund der Werke.
~ Der Neue Bund *erfüllt* den Bund der Werke durch das vollendete Werk Jesu.

6. Sie wurden auf unterschiedliche Art und Weise geweiht.

~ Der Alte Bund wurde mit dem Blut von Tieren, das auf das Volk gesprenkelt wurde, geweiht (2.Mose 24,5-8).
~ Der Neue Bund wurde mit dem Blut Jesu geweiht (als Kennzeichen für seinen Opfertod), das auf geistliche Art und Weise für sein Volk angewandt wurde.

7. Sie haben unterschiedliche Priester.

~ Der Alte Bund wird von einem Priestertum des mosaischen Gesetzes repräsentiert und von Hohepriestern, die von Aaron abstammten.
~ Im Neuen Bund besteht das Priestertum aus allen Gläubigen und einem Hohepriester nach der Weise Melchisedeks.

8. Sie haben unterschiedliche Opfer.

~ Das Alte Testament erfordert endlose Wiederholung unvollkommener Opfer.
~ Der Neue Bund stellt ein für alle Ewigkeit ausreichendes, vollkommenes Opfer des Sohnes Gottes.

9. Sie wurden auf unterschiedliche Art und an unterschiedlichen Orten aufgeschrieben.

~ Der Alte Bund wurde von Gott auf Steintafeln geschrieben.
~ Der Neue Bund wird von Gott auf die Herzen seiner Kinder geschrieben.

10. Sie haben unterschiedliche Ziele.

~ Das Ziel des Alten Bundes war es, Sünde aufzudecken, sie zu verdammen und einen „Zaun" um sie herum zu errichten.
~ Das Ziel des Neuen Bundes ist es, die Liebe, Gnade und Barmherzigkeit Gottes zu verkünden und Buße, Vergebung von Sünden und ewiges Leben zu geben.

11. Sie haben unterschiedliche praktische Auswirkungen auf das Leben als Christ.

~ Der Alte Bund endet (ohne eigenes Verschulden) in Gefangenschaft.
~ Der Neue Bund bietet wahre Freiheit.

12. Sie unterscheiden sich in der Art und Weise, wie der Heilige Geist ausgeteilt wird.

~ Im Alten Bund wurde der Heilige Geist bestimmten Menschen für bestimmte Aufgaben gegeben.
~ Im Neuen Bund wird der Heilige Geist freigiebig allen gegeben, die ihn im Glauben empfangen.

13. Sie vermitteln eine unterschiedliche Sichtweise über das Reich Gottes.

~ Unter dem Alten Bund wurde das Reich Gottes hauptsächlich als die Herrschaft Israels über die Nationen gesehen.
~ Unter dem Neuen Bund ist das Reich Gottes heute schon geistliche Realität und gleichzeitig eine kommende reale Tatsache.

14. Sie unterscheiden sich in ihrer Substanz.

~ Der Alte Bund besteht aus lebendigen Schatten.
~ Der Neue Bund ist die Realität.

15. Sie unterscheiden sich in ihrer Reichweite.

~ Der Alte Bund beschränkte sich auf die leiblichen Nachkommen Abrahams durch Isaak und Jakob.

~ Der Neue Bund ist ausgeweitet auf alle Nationen und Geschlechter unter dem Himmel.

16. Sie unterscheiden sich in dem, was sie wirklich vollbringen.

~ Der Alte Bund machte nichts vollkommen.

~ Der Neue Bund kann und wird die Kinder Gottes vollkommen machen.

17. Sie unterscheiden sich in ihrer Dauer.

~ Der Alte Bund wurde geschaffen, um den Weg für den Neuen Bund vorzubereiten. Mit der Einsetzung des Neuen Bundes diente der alte Bund nicht länger als Bild für Gottes Handeln mit den Menschen.

~ Der Neue Bund wurde geschaffen um ewig anzudauern.

„Lasst uns aus diesen Dingen erkennen, dass das Evangelium oder die Gemeinde im Neuen Testament von den höchsten Privilegien und Vorteilen begleitet werden, die in dieser Welt möglich sind. Daraus folgt eine große Verpflichtung aller Gläubiger zur Heiligkeit und Fruchtbarkeit im Gehorsam zur Ehre Gottes. Gleichzeitig wird auch die Abscheulichkeit ihrer Sünde, durch welche dieser Bund abgelehnt und verachtet wird, ganz offensichtlich". (John Owen)

Hebräer 9 – Ein Vergleich zwischen dem Alten und dem Neuen Bund

A. Die Merkmale des Alten Bundes werden beschrieben.

1. (1-5) Das Zelt und die Möbel des Alten Bundes.

Es hatte nun zwar auch der erste [*Bund*] gottesdienstliche Ordnungen und ein Heiligtum, das irdisch war. Denn es war ein Zelt aufgerichtet, das *vordere*, in dem sich der Leuchter und der Tisch und die Schaubrote *befanden*; dieses wird das Heilige genannt. Hinter dem zweiten Vorhang aber befand sich das Zelt, welches das Allerheiligste genannt wird; zu diesem gehört der goldene Räucheraltar und die Bundeslade, überall mit Gold überzogen, und in dieser *war* der goldene Krug mit dem Manna und der Stab Aarons, der gesprosst hatte, und die Tafeln des Bundes; oben über ihr aber die Cherubim der Herrlichkeit, die den Sühnedeckel überschatteten, worüber jetzt nicht im einzelnen geredet werden soll.

a. **Ein Heiligtum, das irdisch war**: Das Zelt des Alten Bundes war von Gott geplant; geplant für einen **irdischen** Dienst.

b. **Denn war ein Zelt aufgerichtet**: Das Zelt war 15 Meter lang, 3 Meter breit, 5 Meter hoch und in zwei Räume aufgeteilt. Der größere Raum (der **vordere**) war ein 5 x 10 Meter großer Raum, der „das Heilige" genannt wird. **Hinter dem zweiten Vorhang** war ein kleinerer Raum, 5 x 5 Meter groß, **welcher das Allerheiligste genannt wird**.

c. **Der Leuchter**: Die Fassung für die Lichter der Stiftshütte bestand aus einem Mittelteil und sechs Armen und stand im **vorderen** Teil. Sie war von unbekannter Größe, aus purem Gold und stellte die einzige *Lichtquelle* für die Stiftshütte dar (2.Mose 25,31-40).

d. **Der Tisch**: Er stand im vorderen Teil, bestand aus Akazienholz, das mit Gold verkleidet einen Meter lang, einen halben Meter breit und 68 Zentimeter hoch war. Auf ihm lagen zwölf Laibe **Schaubrote**, die Gottes Gemeinschaft mit den zwölf Stämmen Israels darstellten (2.Mose 25,23-30).

e. Das Heilige: Dies bezieht sich auf den **vorderen** Teil, der „das Heilige" genannt wird. Ein (dicker) **Vorhang** trennte diesen Teil vom **Allerheiligsten** (2.Mose 26,31-33).

f. Der goldene Räucheraltar: Er bestand aus Akazienholz, das mit Gold verkleidet und jeweils einen halben Meter lang und breit und ein Meter hoch war. Er stand vor dem Vorhang zum Allerheiligsten und wurde genutzt, um dort Räucherwerk zu verbrennen (2.Mose 30,1-8).

g. Die Bundeslade: Diese Truhe aus Akazienholz stand im **Allerheiligsten** und war mit Gold überzogen. Sie war 1,15 Meter lang, 68 Zentimeter breit und 68 Zentimeter hoch. An ihren Seiten waren Ringe befestigt, so dass man sie tragen konnte, ohne die Bundeslade selbst zu berühren (2.Mose 25,10-22).

i. In ihr befanden sich der **goldene Krug mit dem Manna** (2.Mose 16,33), **Aarons Stab, der gesprosst hatte** (4.Mose 17,6-11) und **die Tafeln des Bundes** (2.Mose 25,16).

- Das **Manna** erinnerte Israel an Gottes Versorgung und Israels Undankbarkeit.

- **Aarons Stab** erinnerte Israel an seine Rebellion gegen Gottes Autorität.

- Die **Tafeln des Bundes** erinnerten Israel an sein Versagen, die Zehn Gebote und den Rest des Gesetzes zu halten.

h. Der Sühnedeckel: Dies war der mit Darstellungen von Cherubimen verzierte „Deckel" der Bundeslade. Das Blut der Opfer wurde am Versöhnungstag zur Vergebung der Sünden Israels auf ihn gesprenkelt (2.Mose 25,17-22).

i. Wenn Gott auf die Bundeslade hinabsah, erblickte er die Symbole für Israels Sünde, Rebellion und Versagen. Aber wenn das Blut der Opfer auf den Sühnedeckel gesprenkelt wurde, sah Gott, dass es die Sünden Israels bedeckte und er blickte auf das Blut und nicht auf die Sünden Israels.

2. (6-7) Priesterlicher Dienst in der Stiftshütte unter dem Alten Bund.

Da nun dies so eingerichtet ist, betreten zwar die Priester allezeit das vordere Zelt zur Verrichtung *des Gottesdienstes*; in das zweite [Zelt] aber *geht* einmal im Jahr nur der Hohepriester, [und zwar] nicht ohne Blut, das er für sich selbst und *für* die Verirrungen des Volkes darbringt.

a. Betreten zwar die Priester allezeit das vordere Zelt zur Verrichtung des Gottesdienstes: Die **Priester** gingen täglich in das Heilige und übten dort ihre priesterlichen Pflichten aus. Sie kümmerten sich z.B. um den Leuchter und tauschten die Schaubrote aus.

b. **In das zweite [Zelt] aber geht einmal im Jahr nur der Hohepriester**: Das Allerheiligste wurde nur **einmal im Jahr**, am Versöhnungstag, vom Hohepriester **allein** betreten.

c. **Aber geht einmal im Jahr nur der Hohepriester, [und zwar] nicht ohne Blut**: Er ging nicht der Gemeinschaft wegen in das **zweite [Zelt]**, sondern um Versöhnung zu erlangen. Das versöhnende **Blut** kam zuerst auf seine eigenen Sünden und dann auf die Sünden seines Volkes.

 i. Der Zugang zum Allerheiligsten war sehr stark beschränkt. Selbst wenn jemand eintreten durfte, geschah das nicht um der Gemeinschaft mit Gott willen.

 ii. Aus den Aufzeichnungen jüdischer Rabbis wissen wir, dass kein Hohepriester am Versöhnungstag sein Gebet im Allerheiligsten ausdehnte, weil das Volk sonst gedacht hätte, er sei getötet worden. Wenn der Hohepriester wieder aus dem Allerheiligsten heraus kam, feierte er mit all seinen Freunden ein Fest, weil er unversehrt aus der Gegenwart Gottes entkommen war.

d. **Für die Verirrungen des Volkes**: Der Versöhnungstag war für Sünden, die aus Unwissenheit (**Verwirrung**) begangen wurden, eingesetzt worden. Man ging davon aus, dass jeder für die Sünden, die ihm im Laufe des Jahres *bewusst* wurden, bei den regulären Sündopfern und täglichen Opfern opferte.

 i. Jesu Werk ist viel größer als das Werk, das am Versöhnungstag geschah. Jesu Werk am Kreuz schenkt Vergebung für die Sünden, die wir aus Unwissenheit (Verwirrung) begehen, aber es schenkt auch Vergebung für die uns bewussten Sünden.

3. (8-10) Der Heilige Geist gibt uns Einsicht in den Priesterdienst unter dem Alten Bund.

Damit zeigt der Heilige Geist deutlich, dass der Weg zum Heiligtum noch nicht offenbar gemacht ist, solange das vordere Zelt Bestand hat. Dieses *ist* ein Gleichnis für die gegenwärtige Zeit, in welcher Gaben und Opfer dargebracht werden, die, was das Gewissen anbelangt, den nicht vollkommen machen können, der den Gottesdienst verrichtet, der nur aus Speisen und Getränken und verschiedenen Waschungen [besteht] und aus Verordnungen für das Fleisch, die bis zu der Zeit auferlegt sind, da eine bessere Ordnung eingeführt wird.

 a. **Dass der Weg zum Heiligtum noch nicht offenbar gemacht ist, solange das vordere Zelt Bestand hat**: Das Alte muss vergehen, bevor Gottes neuer Weg offenbart werden kann.

 b. **Dieses ist ein Gleichnis für die gegenwärtige Zeit**: *Parabole* ist das griechische Wort, das hier mit *Gleichnis* übersetzt ist. Die Stiftshütte selbst und alles, was der Alte Bund repräsentierte, waren Zeichen einer tieferen Wahrheit, *Gleichnisse* des Neuen Bundes.

c. **Die, was das Gewissen anbelangt, den nicht vollkommen machen können, der den Gottesdienst verrichtet**: Der priesterliche Dienst unter dem Alten Bund konnte die opfernden Priester, **was das Gewissen anbelangt**, nicht vollkommen und rein machen.

i. Wenn die Reinigung selbst für den Priester nicht vollkommen ist, wie viel unvollkommener ist sie für die Person, für die der Priester Opfer darbringt!

d. **Verordnungen für das Fleisch, die bis zu der Zeit auferlegt sind, da eine bessere Ordnung eingeführt wird**: Die Schwäche des priesterlichen Dienstes unter dem Alten Bund war seine Unfähigkeit, die Notwendigkeit einer inneren Verwandlung des Menschen deutlich zu machen. Daher waren sie nur **bis zu der Zeit auferlegt, da eine bessere Ordnung eingeführt wird**.

B. Merkmale des Neuen Bundes werden erläutert.

1. (11) Das größere Heiligtum des Neuen Bundes.

Als aber Christus kam *als* ein Hoherpriester der zukünftigen [Heils-]Güter, ist er durch das größere und vollkommenere Zelt, das nicht mit Händen gemacht, das heißt nicht von dieser Schöpfung ist.

a. **Das größere und vollkommenere Zelt, das nicht mit Händen gemacht**: Jesus dient als unser Hoherpriester in einem größeren Heiligtum, im Thronsaal Gottes. Das ist ganz offensichtlich ein großartigerer Ort als irgendetwas, das (Menschen)-**Hände** schaffen könnten.

2. (12-15) Das größere Opfer des Neuen Bundes.

Auch nicht mit dem Blut von Böcken und Kälbern, sondern mit seinem eigenen Blut ein für allemal in das Heiligtum eingegangen und hat eine ewige Erlösung erlangt. Denn wenn das Blut von Stieren und Böcken und die Besprengung mit der Asche der jungen Kuh die Verunreinigten heiligt zur Reinheit des Fleisches, wie viel mehr wird das Blut des Christus, der sich selbst durch den ewigen Geist als ein makelloses Opfer Gott dargebracht hat, euer Gewissen reinigen von toten Werken, damit ihr dem lebendigen Gott dienen könnt. Darum ist er auch der Mittler eines neuen Bundes, damit – da sein Tod geschehen ist zur Erlösung von den unter dem ersten Bund begangenen Übertretungen – die Berufenen das verheißene ewige Erbe empfangen.

a. **Das Blut von Böcken und Kälbern**: Tieropfer waren ausreichend für eine zeitliche Bedeckung der Sünden, aber nur ein vollkommenes Opfer konnte **ewige Erlösung** erlangen.

i. Jesu Opfer war größer, weil es *vollkommen, freiwillig, bewusst dargebracht* und *von Liebe motiviert war*.

b. **Denn wenn das Blut von Stieren und Böcken (…) heiligt zur Reinheit des Fleisches, wie viel mehr wird das Blut des Christus**: Wenn selbst diese nicht vollkommenen Opfer vom Volk Israel für ausreichend gehalten und angenommen wurden, wie viel höher sollten sie die endgültige Hinlänglichkeit des vollkommenen Opfers schätzen.

i. Die **Asche der jungen Kuh** bezieht sich auf die Überreste eines Brandopfers, die aufbewahrt wurden. Die Asche wurde mit Wasser vermischt und diente als Reinigungswasser für zeremonielle Waschungen (4.Mose 19,1-10).

ii. Dies war ein Schatten, erfüllt und weggelegt als Jesus vollkommene Reinigung anbot. Daher ist das „Weihwasser", das die katholische Kirche benutzt, wertlos.

iii. Berichten zufolge sucht man nach einer „roten Kuh", die geopfert werden soll, damit ihre Asche dazu beitragen kann, dass priesterliche Funktionen in einem wiedererbauten Tempel in Jerusalem neu ausgeübt werden können.

c. **Wie viel mehr wird das Blut des Christus (…) euer Gewissen reinigen von toten Werken, damit ihr dem lebendigen Gott dienen könnt**: Das Opfer Jesu reicht selbst dazu aus, unser beschädigtes **Gewissen** zu heilen.

i. Unser **Gewissen** ist ein wunderbares Werkzeug Gottes, aber es ist nicht vollkommen. Unser Gewissen kann *gebrandmarkt* sein (1.Timotheus 4,2), es kann *befleckt* sein (Titus 1,15) und es kann *böse* sein (Hebräer 10,22).

d. **Euer Gewissen reinigen von toten Werken**: Der Ausdruck „**tote Werke**" bezieht sich hier vermutlich auf Sünde im Allgemeinen, auf Werke, die „den Tod bringen". Aber es muss auch die vergebliche Fortsetzung der Opfer des Alten Bundes meinen, dies sind ganz sicher **tote Werke**. Die entmutigten jüdischen Christen waren versucht, genau zu dieser Art von Dingen zurückzukehren.

e. **Damit ihr dem lebendigen Gott dienen könnt**: Der Gläubige, sein Gewissen und alles ist gereinigt, damit er nicht für sich selbst lebt, sondern **dem lebendigen Gott dient**. Das griechische Wort *latreuo*, das hier mit **dienen** übersetzt wird, meint einen religiösen, zeremoniellen, priesterlichen Dienst.

i. „Und, liebe Freunde, denkt immer daran, dass ihr künftig ‚dem lebendigen Gott dienen könnt'. Ihr, die ihr im Griechischen bewandert seid, wisst, dass die Art von Dienst, die hier gemeint ist, nicht den Dienst eines Sklaven oder Dieners beschreibt, der seinem Herrn dient. Es meint vielmehr einen anbetenden Dienst, wie den der Priester für Gott. Wir, die wir von Christus erkauft sind, sollen Gott die Anbetung eines königlichen Priestertums opfern. Wir können Gebete, Dank und

Opfer darbringen, wir können Räucherwerk der Fürbitte opfern, wir können das Licht des Zeugnisses erhellen und den Tisch der Schaubrote einrichten". (Spurgeon)

f. Er ist auch der Mittler eines neuen Bundes, (…) da sein Tod geschehen ist: Jesu Werk als Mittler wurde endgültig durch seinen **Tod** vollendet worden. Sein himmlisches Werk als Mittler schaut zurück auf dieses vollkommene Opfer.

g. Zur Erlösung von den unter dem ersten Bund begangenen Übertretungen: Jesu Zahlung am Kreuz vollbrachte die **Erlösung** für alle, die unter dem **ersten Bund** standen. Jedes Sündopfer, das unter dem Gesetz im Glauben geopfert worden war, war ein Schuldschein, der am Kreuz eingelöst wurde.

3. (16-22) Die Notwendigkeit des Todes Jesu.

Denn wo ein Testament *ist*, da muss notwendig der Tod dessen eintreten, der das Testament gemacht hat; denn ein Testament tritt auf den Todesfall hin in Kraft, da es keine Gültigkeit hat, solange derjenige lebt, der das Testament gemacht hat. Daher wurde auch der erste [*Bund*] nicht ohne Blut eingeweiht. Denn nachdem jedes einzelne Gebot nach dem Gesetz von Mose dem ganzen Volk verkündet worden war, nahm er das Blut der Kälber und Böcke mit Wasser und Purpurwolle und Ysop und besprengte sowohl das Buch selbst als auch das ganze Volk, wobei er sprach: „Dies *ist* das Blut des Bundes, den Gott mit euch geschlossen hat!" Auch das Zelt und alle Geräte des Gottesdienstes besprengte er in gleicher Weise mit Blut; und fast alles wird nach dem Gesetz mit Blut gereinigt und ohne Blutvergießen geschieht keine Vergebung.

a. Denn ein Testament tritt auf den Todesfall hin in Kraft: Ein Testament (oder ein Letzter Wille) wird erst dann wirksam, wenn die Person, die das Testament verfasst hat, tot ist. Deswegen musste Jesus für das Testament – den Bund – sterben, damit es in Kraft treten konnte.

i. „Solange noch nicht sicher ist, ob ein Mensch lebt oder gestorben ist, kann sein Nachlass noch nicht verwaltet werden. Wenn es aber eindeutige Beweise dafür gibt, dass der Testamentsverfasser verstorben ist, ist sein Wille gültig. So ist es mit dem Evangelium: Wenn Jesus nicht gestorben wäre, wäre das Evangelium null und nichtig". (Spurgeon)

b. Daher wurde auch der erste [Bund] nicht ohne Blut eingeweiht: Der Tod war im Alten Bund eindeutig notwendig. Unter dem mosaischen Gesetz wurde Blut bei wirklich jedem Schritt des Opfersystems benötigt.

c. Ohne Blutvergießen geschieht keine Vergebung: Das ist ein grundlegendes Prinzip für Gottes Beziehung zu den Menschen. Die Menschen denken heutzutage, dass Sünde mit der *Zeit*, durch *gute Werke*, ein *anständiges*

Leben oder einfach durch den *Tod* vergeben wird. Aber ohne Blutvergießen geschieht **keine** Vergebung und ohne ein *vollkommenes* Opfer gibt es keine *vollkommene* Vergebung.

    i. Das Blutvergießen Jesu ist Gottes Antwort auf das Problem des Menschen mit der Sünde. In seiner Predigt *„Das Blutvergießen"* stellte Spurgeon zu Beginn seiner Rede drei Narren vor. Der erste ist ein Soldat, der auf dem Schlachtfeld verwundet worden ist. Der Arzt kommt zu ihm und der Soldat will sofort alles über das Gewehr und den Soldaten wissen, der auf ihn geschossen hat. Der zweite Narr ist ein Kapitän, dessen Schiff kurz davor steht, in einem schrecklichen Sturm unterzugehen. Der Kapitän steht nicht am Ruder und versucht, das Schiff durch die tosenden Wellen zu dirigieren, sondern er ist in der Kapitänskajüte und versucht herauszufinden, woher der Sturm kommt. Der dritte Narr ist ein kranker Mann. Beladen mit seinen Sünden liegt er im Sterben und ist kurz davor, in den Wellen der Gerechtigkeit Gottes unterzugehen. Trotzdem ist er tiefbesorgt über den *Ursprung* des Bösen. Wir müssen viel eher auf die *Lösung* schauen, statt auf das Problem.

4. (23-28) Das vollkommene Heiligtum empfängt ein vollkommenes Opfer.

So *ist es* also notwendig, dass die Abbilder der im Himmel befindlichen Dinge hierdurch gereinigt werden, die himmlischen Dinge selbst aber durch bessere Opfer als diese. Denn nicht in ein mit Händen gemachtes Heiligtum, *in eine* Nachbildung des wahrhaftigen, ist Christus eingegangen, sondern in den Himmel selbst, um jetzt für uns vor dem Angesicht Gottes zu erscheinen; auch nicht, um sich selbst oftmals [als Opfer] darzubringen, so wie der Hohepriester jedes Jahr ins Heiligtum hineingeht mit fremdem Blut, denn sonst hätte er ja oftmals leiden müssen von Grundlegung der Welt an. Nun aber ist er einmal erschienen in der Vollendung der Weltzeiten zur Aufhebung der Sünde durch das Opfer seiner selbst. Und so gewiss es den Menschen bestimmt ist, einmal zu sterben, danach aber das Gericht, so wird Christus, nachdem er sich einmal zum Opfer dargebracht hat, um die Sünden vieler auf sich zu nehmen, zum zweitenmal denen erscheinen, die auf ihn warten, nicht wegen der Sünde, sondern zum Heil.

    a. **So ist es also notwendig, dass die Abbilder der im Himmel befindlichen Dinge hierdurch gereinigt werden**: Es war in Ordnung, dass die **Abbilder der im Himmel befindlichen Dinge** durch unvollkommene Opfer „gereinigt" wurden. Aber die sich im Himmel befindlichen Dinge konnten nur durch ein vollkommenes Opfer **gereinigt** werden.

    b. **Denn nicht in ein mit Händen gemachtes Heiligtum (…) ist Christus eingegangen, sondern in den Himmel selbst**: Jesu Opfer wurde auf der Erde dargebracht, aber es ist die Grundlage für sein fortwährendes Werk als unser Mittler und Hohepriester im Himmel. Der Verfasser des

Hebräerbriefes verkündet es: **um jetzt für uns vor dem Angesicht Gottes zu erscheinen**. Es fällt nicht schwer zu glauben, dass Jesus **vor dem Angesicht Gottes erscheint**, aber zu glauben, dass er dort **für uns** erscheint, ist einfach herrlich!

c. **Auch nicht um sich selbst oftmals [als Opfer] darzubringen**: Jesu Dienst **für uns** setzt sich im Himmel fort, *aber sein Dienst besteht nicht darin, weiterhin Versöhnung für unsere Sünden zu erwirken*. Sein Dienst **für uns** ist, dass er für uns Fürbitte tut und uns gegen die verteidigt, die das Volk Gottes anklagen (Offenbarung 12,10). Jesu Dienst setzt sich in dem Sinne **nicht** fort, dass **er sich selbst oftmals [als Opfer] darbrächte**. Sein Opfer geschah einmal und reicht aus für alle Ewigkeit, da es Gottes heilige Gerechtigkeit auf vollkommene Art und Weise befriedigte.

i. Dieser Abschnitt und dieses Prinzip sind eine direkte Rüge des römisch-katholischen *Brauchs* der Messe und der dahinter stehenden *Theologie*. In diesen Messen will die römisch-katholische Kirche das Versöhnungsopfer Jesu in jedem Gottesdienst *wiederholen*, statt sich einfach daran zu *erinnern*. Biblisch gesehen kann das überhaupt nicht begründet werden und es *leugnet* das vollendete Werk Christi am Kreuz. Die Schrift macht es ganz deutlich: **auch nicht um sich selbst oftmals [als Opfer] darzubringen**.

d. **Denn sonst hätte er ja oftmals leiden müssen von Grundlegung der Welt an**: Wenn das Opfer Jesu nicht vollkommen gewesen wäre, hätte es **von Grundlegung der Welt an** *beständig wiederholt* werden müssen. Unvollkommene Opfer müssen beständig wiederholt werden, aber ein vollkommenes Opfer wird ein für alle Mal dargebracht und **hebt die Sünden wirklich auf** (es *bedeckt* sie nicht nur wie die Opfer des Alten Bundes). Die Aussage ist eindeutig: **Er ist einmal erschienen zur Aufhebung der Sünde durch das Opfer seiner selbst**.

i. Das Opferprinzip erklärt, warum die Leiden der Hölle für die ewig sein *müssen*, die das Versöhnungswerk Jesu ablehnen. Sie sind in der Hölle, um die Strafe für ihre Sünden zu zahlen. Als unvollkommene Wesen können sie keine vollkommene Zahlung erbringen. Wenn die Strafe nicht vollkommen ist, muss sie *beständig wiederholt* werden – bis in alle Ewigkeit. Eine Seele kann erst dann aus der Hölle befreit werden, wenn die Schuld der Sünde vollständig bezahlt ist, mit anderen Worten: *nie*.

e. **Und so gewiss es den Menschen bestimmt ist, einmal zu sterben, danach aber das Gericht, so wird Christus, nachdem er sich einmal zum Opfer dargebracht hat, um die Sünden vieler auf sich zu nehmen**: Genauso sicher wie die Tatsache, dass wir **einmal sterben** und danach das **Gericht** kommt, musste Jesus nur **einmal** sterben (nicht wiederholt), um unsere Sünden auf sich zu **nehmen**.

i. Der Verfasser des Hebräerbriefes hat nicht die Absicht, über das Thema „Wiedergeburt" zu lehren. Es ist für ihn ein Randthema, er erwähnt nur das Offensichtliche: **Und so gewiss es den Menschen bestimmt ist, einmal zu sterben, danach aber das Gericht.** Genauso offensichtlich wie diese Wahrheit ist die Tatsache, dass **Christus, sich zum Opfer dargebracht hat, um die Sünden vieler auf sich zu nehmen.** Für den Verfasser des Hebräerbriefes ist die Wahrheit, dass es den Menschen bestimmt ist, **einmal zu sterben, danach aber das Gericht,** ein unbestreitbares Prinzip.

ii. „Der Mensch stirbt einmal und danach ist alles geklärt und erledigt und er antwortet auf seinen Taten im Gericht. Ein Leben, ein Tod, danach wird alles bewertet und das Ergebnis verkündet: ‚danach aber das Gericht'. Genauso kommt Christus einmal und stirbt einmal und danach steht auch er vor dem Ergebnis dessen, was er getan hat: der Errettung derer, die nach ihm Ausschau halten. Er stirbt einmal und erntet das feststehende Ergebnis, genauso wie es der Menschheit geschieht, deren Teil und Vertreter er ist". (Spurgeon)

iii. Obwohl das Hauptaugenmerk des Verfassers nicht auf dem Thema „Wiedergeburt" liegt, *bestreitet* er sie hier ganz deutlich und vollständig. Wir leben und sterben, leben und sterben nicht immer wieder in der Hoffnung auf eine ewige Abrechnung nach einigen weiteren Leben. Wir haben dieses Leben und dann kommt das Gericht. Das heißt, *nach dem Grab gibt es keine weiteren Chancen. Jetzt* ist die Zeit, eine Entscheidung für Jesus Christus zu treffen, denn wenn wir **sterben,** kommt **danach das Gericht.**

iv. Es ist wichtig zu erkennen, dass das Prinzip, dass es **dem Menschen bestimmt ist, einmal zu sterben,** kein *absolutes Prinzip* ist. Es gibt einige einzigartige, bemerkenswerte Ausnahmen. Henoch (1.Mose 5,24) und Elia (2.Könige 2,11) starben *kein Mal.* Einige Personen der Bibel wurden von den Toten auferweckt (1.Könige 17,22; 2.Könige 13,20-21; Matthäus 9,25; Johannes 11,43-44; Apostelgeschichte 20,9-11) und starben daher *zweimal.* Wer Teil der Entrückung sein wird (1.Thessalonicher 4,17) wird *kein Mal sterben.* Aber diese bemerkenswerten, einzigartigen Ausnahmen leugnen nicht das Prinzip, dass es **den Menschen bestimmt ist, einmal zu sterben**; sie sind *Ausnahmen, welche die Regel bestätigen.*

f. Zum zweitenmal denen erscheinen, die auf ihn warten, nicht wegen der Sünde, sondern zum Heil: Der Schwerpunkt des ersten Kommens Jesu war es, sich durch sein erlösendes Opfer um das Problem der Sünde zu kümmern. Aber jetzt, wo er das Problem mit der Sünde auf vollkommene Art und Weise gelöst hat, kommt er wieder: **nicht wegen der Sünde,** sondern zum **Heil** (und zur *Errettung*) seines Volkes.

i. Die auf ihn warten: Hier wird *angenommen*, dass alle Gläubigen auf ihn warten. Es ist eine traurige Tatsache, dass sich diese Annahme nicht immer als wahr erweist.

ii. „Wir sollten täglich enttäuscht sein, wenn unser Herr nicht kommt. Stattdessen fürchte ich, dass es ausgemachte Sache ist, dass er hoffentlich noch nicht wieder kommt". (Spurgeon)

Hebräer 10 – An einem vollkommenen Opfer festhalten

A. Das einmalige, für die Ewigkeit gültige Opfer Jesu.

1. (1-4) Opfer unter dem Alten Bund konnten Sünden nicht wahrhaftig wegnehmen.

Denn weil das Gesetz nur einen Schatten der zukünftigen [Heils-]Güter hat, nicht die Gestalt der Dinge selbst, so kann es auch mit den gleichen alljährlichen Opfern, die man immer wieder darbringt, die Hinzutretenden niemals zur Vollendung bringen. Hätte man sonst nicht aufgehört, Opfer darzubringen, wenn die, welche den Gottesdienst verrichten, einmal gereinigt, kein Bewusstsein von Sünden mehr gehabt hätten? Stattdessen *geschieht* durch diese *[Opfer]* alle Jahre eine Erinnerung an die Sünden. Denn *unmöglich* kann das Blut von Stieren und Böcken Sünden hinwegnehmen!

a. **Nur einen Schatten der zukünftigen [Heils-]Güter:** Den Gedanken, dass der Alte Bund (**das Gesetz**) nur ein bloßer **Schatten** der Dinge ist, die im Neuen Bund aufgedeckt werden, finden wir auch in Kolosser 2,17 und Hebräer 8,5. **Schatten** bedeutet, dass das Gesetz eine Vorstellung von und Hinweise auf die Dinge vermittelte, die in Jesus erfüllt wurden, aber dass es **nicht die Gestalt der Dinge selbst** war.

i. Ein **Schatten** ist nichts Schlechtes. Manchmal kann uns ein **Schatten** vieles verraten. Aber der **Schatten** ist nicht das Original selbst. Der Alte Bund und sein Gesetz waren in sich nicht schlecht oder böse, sie waren nur unvollständig und unzulänglich und konnten daher keine völlige Reinigung von Sünden anbieten und auch nicht erretten. **Der Schatten (...) kann (...) die Hinzutretenden niemals zur Vollendung bringen.**

ii. Newell bemerkt, dass das Gesetz hier **Schatten und nicht die Gestalt der Dinge selbst genannt wird.** Es ist *kein eikon*. „Ein Bild (oder *eikon*) gibt Merkmale und Fakten wie eine gute Statue oder ein Foto richtig wieder. Das ist etwas, das ein Schatten nicht kann. (...) **Das Gesetz** aber hatte *nur* **Schatten**". (Newell)

iii. „Wenn du zum Beispiel eine Ladung Holz braucht, gehst du zum Waldarbeiter. Dieser geht mit dir zu einer großen Eiche, die in einer entlegenen Ecke des Grundstücks wächst. Er weist auf den langen Schatten, den sie wirft und bietet an, dir diesen Schatten zu verkaufen. Wirst Du ihn nehmen? Wenn Gott also sagt, dass im Gesetz ein *Schatten* ist, also noch nicht einmal ein genaues Abbild der Dinge und natürlich auch nicht die Gestalt der Dinge selbst, warum solltest Du Dich dann am Schatten festhalten?" (Newell)

iv. „In Wirklichkeit sagt er: ‚Ohne Christus kannst Du nicht über die Schatten Gottes hinaus weitergehen'". (Barclay)

b. **Hätte man sonst nicht aufgehört, Opfer darzubringen?** Der Verfasser des Hebräerbriefes wiederholt ein bekanntes Argument: Die *Wiederholung* der Opfer zeigt ihre *Schwäche* auf. Wenn Tieropfer das Problem der Sünde hätten „beheben" können, hätte man **aufgehört, Opfer darzubringen**.

i. **Wenn die, welche den Gottesdienst verrichten, einmal gereinigt, kein Bewusstsein von Sünden mehr gehabt hätten? Stattdessen geschieht durch diese [Opfer] alle Jahre eine Erinnerung an die Sünden**: Jedes wiederholte Opfer war **eine Erinnerung an die Sünden**. Es machte den Menschen ihre **Sünde** immer und immer wieder bewusst. Aber Jesu Werk am Kreuz *nimmt Sünden weg*.

c. **Denn unmöglich kann das Blut von Stieren und Böcken Sünden hinwegnehmen**: Tieropfer unter dem Alten Bund konnten Sünde *bedecken*. Das hebräische Wort für Sühne ist *kophar* und bedeutet wörtlich „bedecken". Tieropfer konnten aber niemals **Sünden hinwegnehmen**. Nur Jesus, das vollkommene Opfer des Neuen Bundes kann Sünden **hinwegnehmen**.

2. (5-10) Die prophetische Grundlage für Jesu vollkommenes Opfer unter dem Neuen Bund.

Darum spricht er bei seinem Eintritt in die Welt: „Opfer und Gaben hast du nicht gewollt; einen Leib aber hast du mir bereitet. An Brandopfern und *Sündopfern* hast du keinen Gefallen gefunden. Da sprach ich: Siehe, ich komme – in der Buchrolle steht von mir geschrieben -, um deinen Willen, o Gott, zu tun!" Oben sagt er: „Opfer und Gaben, Brandopfer und *Sündopfer* hast du nicht gewollt, du hast auch keinen Gefallen *an ihnen* gefunden" – die ja nach dem Gesetz dargebracht werden -, dann fährt er fort: „Siehe, ich komme, um deinen Willen, o Gott, zu tun". Somit hebt er das erste auf, um das zweite einzusetzen. Aufgrund dieses Willens sind wir geheiligt durch die Opferung des Leibes Jesu Christi, [und zwar] *ein für allemal.*

a. **Spricht er**: Psalm 40,6-8 wird hier nach der Septuaginta (der antiken griechischen Übersetzung des Alten Testamentes, die im ersten Jahrhundert die meistgenutzte Bibel war) zitiert. Diese Verse verdeutlichen, dass Jesus den nicht ausreichenden Charakter der Opfer des Alten Bundes prophetisch verkündete und seine Bereitschaft erklärte, ein vollkommenes Opfer unter dem Neuen Bund darzubringen.

i. **Opfer und Gaben hast du nicht gewollt**: Gott hätte keinen Gefallen an weiteren Tieropfern, die unter dem Gesetz dargebracht wurden, gehabt.

ii. **Einen Leib aber hast du mir bereitet**: Das Einzige, was Gott gefiel, konnte nur durch Jesus, den fleischgewordenen Sohn Gottes, dargebracht werden.

iii. **Siehe, ich komme (…) um deinen Willen, o Gott, zu tun**: Jesu Unterwerfung unter den Willen Gottes, des Vaters, hat seine ultimative Erfüllung in Jesu Gehorsam am Kreuz. Dieser Wunsch, den Willen Gottes zu tun, zeigte sich im Garten Gethsemane (Lukas 22,39-44).

b. **Siehe, ich komme, um deinen Willen, o Gott, zu tun**: Das Opfer Jesu war vor Grundlegung der Welt beschlossen worden (1.Petrus 1,20; Offenbarung 13,8). Trotzdem war es eine bewusste Willensentscheidung Jesu, sich dem Kreuz zur vorherbestimmten Zeit zu unterwerfen. **Aufgrund dieses Willens sind wir geheiligt durch die Opferung des Leibes Jesu Christi.**

i. Unsere Heiligung – unser abgesondert Sein für Gott – ist auf dem **Willen** Jesu, nicht auf unserem eigenen Willen, gegründet. Es ist auf der **Opferung** Jesu gegründet, nicht auf unserer eigenen Opferung oder unseren Opfern für Gott.

c. **Ein für allemal**: Das sind die wichtigen Worte dieses Abschnittes, und der Verfasser des Hebräerbriefes wiederholt das Hauptthema immer und immer wieder: **ein für allemal**.

3. (11-18) Das vollendete Werk Jesu Christi.

Und jeder Priester steht da und verrichtet täglich den Gottesdienst und bringt oftmals dieselben Opfer dar, die doch niemals Sünden hinwegnehmen können; Er aber hat sich, nachdem er ein einziges Opfer für die Sünden dargebracht hat, das für immer gilt, zur Rechten Gottes gesetzt, und er wartet hinfort, bis seine Feinde als Schemel für seine Füße hingelegt werden. Denn mit einem einzigen Opfer hat er die für immer vollendet, welche geheiligt werden. Das bezeugt uns aber auch der Heilige Geist; denn nachdem zuvor gesagt worden ist: „Das *ist* der Bund, den ich mit ihnen schließen will nach diesen Tagen, spricht der Herr: Ich will meine Gesetze in ihre Herzen geben und sie in ihre Sinne schreiben", *sagt er auch*: „An ihre Sünden und ihre Gesetzlosigkeiten will ich nicht mehr gedenken". Wo aber Vergebung für diese ist, *da gibt* es kein Opfer mehr für Sünde.

a. **Und jeder Priester steht da (…) täglich**: Die Priester mussten bei ihrer Arbeit immer *stehen*. Ihre Arbeit wurde **täglich** verrichtet, Opfer mussten **oftmals** dargebracht werden. Die Priester konnten sich niemals hinsetzen! Aber Jesus hat sich **zur Rechten Gottes gesetzt**, weil er sein Werk, das Opfer für Sünde, vollendet hat.

i. Die Tatsache, dass Jesus sitzt, ist wichtig. Dies zeigt, dass sein Werk vollendet ist. Es war nicht mehr nötig, **täglich den Gottesdienst zu verrichten und oftmals dieselben Opfer darzubringen,** wie es die Priester unter dem Alten Bund tun mussten. Jesus dient weiterhin im Himmel. Sein Dienst besteht darin, Fürbitte für sein Volk zu tun. Aber dieser Dienst ist das Ergebnis seines vollendeten Werkes, so dass er eine Position der *Ruhe* einnehmen kann: **Er aber hat sich (...) zur Rechten Gottes gesetzt**.

ii. Spurgeon macht deutlich, dass man das Komma im folgenden Satz auch anders setzen kann: **Er aber hat sich, nachdem er ein einziges Opfer für die Sünden dargebracht hat, das für immer gilt, zur Rechten Gottes gesetzt.** Man könnte auch übersetzen: **Er aber hat sich, nachdem er ein einziges Opfer für die Sünden dargebracht hat, für immer zur Rechten Gottes** gesetzt. Beides ist erlaubt und beides ist korrekt, obwohl die geläufigere Übersetzung vermutlich vorgezogen werden sollte.

b. **Hat er die für immer vollendet, welche geheiligt werden**: Hier wird deutlich, dass das Werk Jesu nur bei denen wirkungsvoll ist, **welche geheiligt werden**. Das Werk Jesu ist *in der Lage*, jeden Menschen zu erretten, aber es ist nur *erfolgreich* darin, die zu erretten, **welche geheiligt werden** (abgesondert für Gott).

i. „Welch herrliches Wort! Die, für die Christus gestorben ist, sind durch seinen Tod vollkommen gemacht. Das bedeutet nicht, dass er sie als Charaktere vollkommen gemacht hätte, als wären sie keine Sünder mehr, sondern dass er die, für die er gestorben ist, vollkommen frei von der Schuld der Sünde machte. Als Christus ihre Sünden auf sich nahm, verblieb die Sünde nicht mehr auf ihnen, weil die Sünde nicht zur gleichen Zeit an zwei verschiedenen Orten sein konnte". (Spurgeon)

c. **Das bezeugt uns aber auch der Heilige Geist (…) spricht der Herr**: In diesem Abschnitt zeigt der Verfasser des Hebräerbriefes deutlich, dass der **Heilige Geist der Herr** ist, der *Yahweh* des Alten Testaments. Wenn der **Heilige Geist** spricht, spricht der **Herr**.

d. **Das ist der Bund**: In diesen Versen, die aus Jeremia zitiert werden, weist der Verfasser des Hebräerbriefes auf die Verheißungen des Neuen **Bundes** hin, der durch den Messias eingesetzt wurde.

i. **Den ich mit ihnen schließen werde nach diesen Tagen**: Der Neue Bund ist *neu*. Er kommt **nach diesen Tagen**.

ii. **Ich will meine Gesetze in ihre Herzen geben**: Im Neuen Bund geht es um eine *innere Verwandlung*. Gott verändert die Herzen von Menschen und schreibt sein Gesetz **in ihre Herzen**.

iii. **An ihre Sünden und ihre Gesetzlosigkeiten will ich nicht mehr gedenken**: Der Neue Bund bietet *vollständige Vergebung* an. Diese Vergebung ist so vollständig, dass Gott sagen kann, dass er sich im Lichte des Neuen Bundes noch nicht einmal an unsere Sünden erinnert (oder ihrer *gedenkt*)!

iv. Ein Christ muss danach streben, mit seinen Sünden genau das zu tun, was Gott getan hat: sie vergessen. Wir müssen immer daran denken, dass ein Gläubiger *keinesfalls* „auf Bewährung" ist. Bei Gott hat vergangene Sünde keinen Einfluss auf sein aktuelles Handeln.

e. **Wo aber Vergebung für diese ist, da gibt es kein Opfer mehr für Sünde**: Wo Sünde wirklich vergeben und vergessen ist (**wo Vergebung für diese ist**), muss kein Sündopfer mehr dargebracht werden.

i. „Mit den Worten ,**da gibt es kein Opfer mehr für Sünde**' kommen wir zur Schlussfolgerung der Glaubenslehre in diesem großartigen Brief an die Hebräer". (Newell). Das Folgende ist hauptsächlich *Ermahnung*.

ii. „Der Christus, der am Kreuz von Golgatha gestorben ist, muss für meine neuen Sünden nicht noch einmal sterben und muss auch keine neue Sühne für die Übertretungen opfern, die ich in der Zukunft vielleicht begehen werde. Nein. Stattdessen hat er ein für allemal die ganze Masse der Sünden seines Volkes als riesige Last auf seine Schultern genommen und sie in das Grab geschleudert, in dem er gelegen hatte. Dort sind sie begraben und können niemals wieder auferstehen um Zeugnis gegen die Erlösten zu geben". (Spurgeon)

iii. Das Versöhnungswerk Jesu ist *vollendet*. Wenn es für dich nicht ausreichend ist, wird nichts anderes ausreichend sein. „Gott hat Christus gesandt, damit du als schuldiger Sünder in ihm ruhen kannst. Wenn das für dich nicht genug ist, was willst du mehr? Christus hat sich selbst geopfert, ist gestorben, hat an deiner Stelle gelitten und ist in seine Herrlichkeit eingegangen. Wenn du dich auf ihn nicht verlassen kannst, was soll er denn noch tun? Soll er kommen und noch einmal sterben? Du hast ihn einmal abgelehnt, du würdest ihn auch ablehnen, wenn er zweimal sterben würde". (Spurgeon)

B. Die Entmutigten im Lichte des vollkommenen Opfers Jesu ermutigen.

1. (19-22) Lasst uns näher zu Gott kommen in der Gewissheit, dass Jesus den Weg bereitet hat.

Da wir nun, ihr Brüder, kraft des Blutes Jesu Freimütigkeit haben zum Eingang in das Heiligtum, den er uns eingeweiht hat als neuen und lebendigen Weg durch den Vorhang hindurch, das heißt, durch sein Fleisch, und da wir einen großen Priester über das Haus Gottes *haben*, so lasst uns hinzutreten mit wahrhaftigem Herzen, in völliger Gewissheit des Glaubens, durch Besprengung der Herzen los vom bösen Gewissen und am Leib gewaschen mit reinem Wasser.

a. **Freimütigkeit haben**: Uns ist Zugang gegeben, damit wir uns Gott freimütig nähern können. Es ist ganz einfach: Wir müssen diesen Zugang nutzen und es mit **Freimütigkeit** tun. Am Versöhnungstag betrat der Hohepriester das Allerheiligste voller Furcht und Zittern, aber wir können **das Heiligtum mit Freimütigkeit** betreten.

i. Wir können **freimütig** sein, weil wir **das Heiligtum durch das Blut Jesu betreten**. Wenn wir so eintreten würden, wie es der Hohepriester im Alten Testament tat, mit dem Blut von Tieren, könnten wir keine **Freimütigkeit haben**. Aber mit dem **Blut Jesu**, das einen **neuen und lebendigen Weg für uns eingeweiht hat**, können wir wirklich mit **Freimütigkeit** in die Gegenwart Gottes kommen.

ii. Diese **Freimütigkeit** ist der komplette Gegensatz zu der Art und Weise, wie der Hohepriester das Heiligtum unter dem Alten Bund betrat. „Er ging mit Furcht und Zittern, weil er mit dem Tod zu rechnen hatte, wenn er die kleinste Kleinigkeit vergessen hätte, die im Gesetz vorgeschrieben war. Aufrichtige Gläubige können zum Thron Gottes mit Zuversicht kommen, weil sie das unendliche, lobenswerte Blut der großartigen Versöhnung in die göttliche Gegenwart tragen. Weil sie durch dieses Blut gerechtfertigt sind, haben sie Anrecht an allen Segnungen des ewigen Reiches". (Clarke)

b. **Als neuen und lebendigen Weg**: Das bedeutet, dass das Opfer Jesu Gott *immer frisch* in Erinnerung ist. Obwohl es vor Jahrhunderten geschehen ist, ist es nicht „schal" oder „fad" geworden. Es bedeutet, dass ein **lebendiger** Jesus uns in die Gegenwart Gottes hineinführt.

i. Newell über den **„neuen und lebendigen Weg"**: „Er ist ewig, so als ob Jesus *gerade jetzt* unsere Sünden an seinem eigenen Leib am Baum getragen hätte, als ob er gerade jetzt gesagt hätte: ‚Es ist vollbracht' und als ob der Soldat *gerade jetzt* seine Seite durchstoßen hätte und Blut und Wasser aus der Wunde getreten wäre. Er wird in Ewigkeit immer **frisch geschlachtet** sein". (Clarke)

ii. „Das ist eindeutig ein Hinweis auf das Blut der Opfer, das noch *nicht geronnen* war und daher gesprenkelt werden konnte, weil das Tier gerade *frisch geschlachtet* war. Das Blut der jüdischen Tieropfer konnte für Opferzwecke genutzt werden, solange es *warm und flüssig* war". (Clarke)

iii. Es ist ein **lebendiger Weg**. Unter dem Alten Bund hatte der Hohepriester durch das Blut eines toten Tieres Zugang. Jetzt unter dem Neuen Bund haben wir Zugang durch das vollkommene Opfer des sündlosen Sohnes Gottes; es ist so, als ob der lebendige, auferstandene Jesus uns in den Thronsaal Gottes hineinführt.

c. **Durch den Vorhang hindurch**: Der **Vorhang** trennte das **Allerheiligste** vom Heiligen. Um das **Allerheiligste** zu betreten, musste man **durch den Vorhang** gehen. Dieser Vorhang, der die Menschen von der persönlichen Gegenwart Gottes trennte, ist nun für immer geöffnet, weil er von oben nach unten in zwei Teile gerissen ist (Matthäus 27,51).

i. **Das heißt, durch sein Fleisch**: Der Verfasser des Hebräerbriefes zieht hier einen Vergleich zwischen dem Vorhang, der zwischen Gott und den Menschen stand, und dem Leib Jesu. Jesu Leib wurde „zerrissen", genauso wie der Vorhang. Beide symbolisieren, dass wir jetzt freimütig zu Gott kommen können.

d. **Da wir einen großen Priester über das Haus Gottes haben**: Wir haben einen Hohepriester, der dem Haus Gottes vorsteht, um sicherzustellen, dass der Gläubige uneingeschränkten Zugang erhält.

e. **So lasst uns hinzutreten**: Weil uns nun eine vollkommene Reinigung zur Verfügung steht, die sowohl den inneren Menschen (**Besprengung der Herzen**) als auch den äußeren (**am Leib gewaschen**) reinigt, können wir nun auf eine Art und Weise, die unter dem Alten Bund niemandem erlaubt war, zu Gott **hinzutreten**. Das Werk Jesu macht es möglich, dass wir in völliger **Gewissheit des Glaubens** hinzutreten können.

f. **So lasst uns hinzutreten**: Wir können **hinzutreten**, weil verschiedene Probleme geklärt sind. Das Problem des Zugangs zu Gott ist geklärt. Das Problem eines vollkommenen Hohenpriesters ist geklärt. Das Problem der moralischen und geistlichen Unreinheit ist geklärt.

i. Die Ermutigung, **hinzuzutreten**, wäre nicht gegeben worden, wenn sie nicht notwendig gewesen wäre. Diese entmutigten Christen hatten ein Problem damit, hinzuzutreten. Das war ihr *eigentliches* Problem: Sie hatten ihre intime Beziehung mit Jesus verloren und nichts anderes funktionierte mehr richtig.

ii. Vielleicht dachten sie, dass sie viele Probleme hätten: Verfolgung, schwierige Beziehungen, kulturelle oder wirtschaftliche Probleme. Aber ihr wahres Problem war, dass sie in ihrer Beziehung mit Gott nicht auf dem richtigen Weg waren. Sie sind nicht auf der Grundlage dessen, was Jesus am Kreuz, durch das leere Grab und im Himmel getan hat, auf Gott hinzugetreten.

iii. Wenn wir schwierige Zeiten durchmachen, sollten wir uns daran erinnern, dass viele Menschen schon weit Schlimmeres durchgemacht haben und dabei eine bessere Einstellung und mehr Freude hatten als du sie jetzt hast. Wo liegt der Unterschied? Sie wussten, wie man **hinzutritt**.

iv. Es war wichtig, dass die ursprünglichen Leser dieses Briefes daran erinnert wurden, dass sie diese Intimität und Nähe niemals mit Hilfe der Institutionen des Alten Bundes zurückgewinnen konnten.

2. (23) Lasst uns an der Wahrheit festhalten.

Lasst uns festhalten am Bekenntnis der Hoffnung, ohne zu wanken — denn er *ist* treu, der die Verheißung gegeben hat.

a. **Lasst uns festhalten am Bekenntnis der Hoffnung, ohne zu wanken**: Entmutigung hatte dazu geführt, dass sie in der Wahrheit wankten. Eine erneuerte Zuversicht in die Größe Jesu und den Neuen Bund wird sie im Glauben stark sein lassen.

b. **Denn er ist treu, der die Verheißung gegeben hat**: Wir können festhalten, weil der, **der die Verheißung gegeben hat, treu ist**. Es ist viel besser, auf seine Treue zu vertrauen statt auf unsere!

3. (24-25) Lasst uns nach der Gemeinschaft des Volkes Gottes streben.

Und lasst uns aufeinander achtgeben, damit wir uns gegenseitig anspornen zur Liebe und zu guten Werken, indem wir unsere eigene Versammlung nicht verlassen, wie es einige zu *tun* pflegen, sondern *einander* ermahnen, und das um so mehr, als ihr den Tag herannahen seht!

a. **Und lasst uns aufeinander achtgeben**: Entmutigung führte dazu, dass sie Gemeinschaft mieden, obwohl sie sie gerade in dieser Zeit am meisten gebraucht hätten. Jesus begegnet uns in unserem Nächsten, **damit wir uns gegenseitig zur Liebe und zu guten Werken anspornen können**.

b. **Indem wir unsere eigene Versammlung nicht verlassen**: Wenn wir die Gemeinschaft verlassen, öffnen wir der Entmutigung Tür und Tor. Wo Christen einander nicht ermahnen, verschlimmert sich diese Situation.

i. Viele gehen zur Gemeinde, wenn sie sich gerade danach fühlen. Aber unsere Motivation zur Gemeinschaft muss sein, dass wir Gott gehorchen und *anderen geben* möchten. Wir sollten zur Gemeinde gehen und dort die ermutigen, die in der Gefahr stehen, von Entmutigung überrollt und hinuntergezogen zu werden.

ii. „Christliche Ermahnung bedeutet, dass wir andere eindringlich und voller Mitgefühl dazu ermutigen, auf dem Weg mit Jesus weiterzugehen. Es bedeutet vielleicht, von unserem eigenen Leben im Glauben zu erzählen oder es bedeutet oft auch, den anderen zu warnen". (Newell)

c. **Und das um so mehr als ihr den Tag herannahen seht!** Je näher die Wiederkunft Jesu kommt, desto intensivere Gemeinschaft sollten wir mit den Kindern Gottes, **unserer eigenen Versammlung**, haben.

C. Eine weitere Warnung: Harrt aus.

1. (26-31) Die Gefahr der bewussten Ablehnung des vollkommenen Opfers Jesu für uns.

Denn wenn wir mutwillig sündigen, nachdem wir die Erkenntnis der Wahrheit empfangen haben, so bleibt für die Sünden kein Opfer mehr übrig, sondern nur ein schreckliches Erwarten des Gerichts und ein Zorneseifer des Feuers, der die Widerspenstigen verzehren wird. Wenn jemand das Gesetz Moses verwirft, muss er ohne Erbarmen sterben auf die Aussage von zwei oder drei Zeugen hin; wie viel schlimmerer Strafe, meint ihr, wird derjenige schuldig erachtet werden, der den Sohn Gottes mit Füßen getreten und das Blut des Bundes, durch das er geheiligt wurde, für gemein geachtet und den Geist der Gnade geschmäht hat? Denn wir kennen ja den, der sagt: „Die Rache ist mein; ich will vergelten! spricht der Herr", und weiter: „Der Herr wird sein Volk richten". Es ist schrecklich, in die Hände des lebendigen Gottes zu fallen!

a. **Denn wenn wir mutwillig sündigen:** Der Ausdruck „**mutwillig sündigen**" wird in Hebräer 10,29 definiert. Er beschreibt jemanden, **der den Sohn Gottes mit Füßen getreten und das Blut des Bundes, durch das er geheiligt wurde, für gemein geachtet und den Geist der Gnade geschmäht hat**. Es ist eine bewusste, wohl durchdachte Ablehnung des großartigen Werks, das Jesus am Kreuz für uns vollbracht hat.

i. **Mutwillig sündigen:** In gewisser Hinsicht ist *jede* Sünde eine „mutwillige Sünde". Aber der Verfasser des Hebräerbriefes spricht hier von etwas, dass für die entmutigten jüdischen Christen viel wichtiger und entscheidender war. Sie dachten darüber nach, ihren einzigartig christlichen Glauben zu verlassen und zum Judentum mit seinem Opfersystem zurückzukehren. Dies bedeutete aber, Jesus den Rücken zuzukehren.

ii. „Hier wird keine Person beschrieben, die der Versuchung zur Sünde nicht standhalten konnte. Ein Mensch begeht vielleicht einen Fehler oder er sündigt bewusst, aber trotzdem leugnet er damit nicht das Evangelium oder den Herrn, der ihn erkauft hat. Das ist eine ernste Sache und es ist gefährlich, aber nicht *hoffnungslos*". (Clarke)

b. **So bleibt für die Sünden kein Opfer mehr übrig:** Für den, der das Sündopfer *Jesu* ablehnt, steht *kein anderes* Opfer zur Verfügung, das ihn reinigen könnte.

c. **Wie viel schlimmerer Strafe**: Wer Jesu Opfer ablehnt, dem ist eine schreckliche Strafe gewiss, noch gewisser als unter dem Alten Bund.

d. **Denn wenn wir mutwillig sündigen, nachdem wir die Erkenntnis der Wahrheit empfangen haben**: Wenn wir **mutwillig sündigen**, indem wir das Werk Jesu als nicht ausreichend ablehnen, haben wir:

i. **den Sohn Gottes mit Füßen getreten**: Wir entehren ihn, wenn wir das großartigste Werk, das er für uns getan hat, ablehnen. Wir werten ihn ab, in dem wir das abwerten, was er getan hat.

ii. **das Blut des Bundes (...) für gemein geachtet**: Wir schätzen das Blut Jesu nicht höher als das der unzähligen Tieropfer unter dem Alten Bund.

iii. **den Geist der Gnade geschmäht**: Wenn wir Jesus und sein vollendetes Werk für uns ablehnen, beleidigen damit wir den Heiligen Geist, der die Aufgabe hat, uns Jesus und sein Werk zu präsentieren (Johannes 16,8-15).

e. **Es ist schrecklich, in die Hände des lebendigen Gottes zu fallen**: Es ist tatsächlich **schrecklich**, eines Tages dem Gott gegenüber zu stehen, den man bewusst abgelehnt und beleidigt hat.

i. „**In die Hände des lebendigen Gottes** fällt man, wenn man sich gegen seine Liebe gewehrt, seine Errettung abgelehnt und ihn so lange abgelehnt hat, bis der Punkt überschritten ist, an dem Gott weiterhin gnädig sein kann". (Newell)

2. (32-34) Fass' dir ein Herz, auch wenn du gerade entmutigt bist und erinnere dich daran, wie du früher in schwierigen Situationen an Gott festgehalten hast.

Erinnert euch aber an die früheren Tage, in denen ihr, nachdem ihr erleuchtet wurdet, viel Kampf erduldet habt, der mit Leiden verbunden war, da ihr teils selbst Schmähungen und Bedrängnissen öffentlich preisgegeben wart, teils mit denen Gemeinschaft hattet, die so behandelt wurden. Denn ihr hattet Mitleid mit mir in meinen Ketten bewiesen und den Raub eurer Güter mit Freuden hingenommen, weil ihr in euch selbst gewiss seid, dass ihr ein besseres und bleibendes Gut in den Himmeln besitzt.

a. **Erinnert euch aber an die früheren Tage**: Diese Christen hatten bereits für Jesus gelitten; sie waren aus der jüdischen Gemeinschaft ausgeschlossen und vielleicht sogar für tot erklärt worden. Dies war geschehen, nachdem sie zum Glauben an Jesus gekommen waren (**nachdem ihr erleuchtet wurdet**).

b. **Viel Kampf erduldet habt, der mit Leiden verbunden war**: Ihre Verfolgung zeigte sich in vielerlei Hinsicht. Sie waren **Schmähungen und Bedrängnissen öffentlich preisgegeben** und **hatten Gemeinschaft** mit denen, **die so behandelt wurden**, unter anderem auch mit dem Verfasser des Hebräerbriefes (**denn ihr hattet Mitleid mit mir in meinen Ketten bewiesen**). Auch in wirtschaftlicher Sicht hatten sie Verfolgung erlitten (**den Raub eurer Güter**). Die Betonung liegt hier darauf, dass sie diese Dinge erlebt und sie **ausgehalten** hatten. Diese Erinnerung an ihre frühere Ausdauer sollte sie dazu ermutigen, auch in Zukunft stark zu sein.

> i. Clarke über „**viel Kampf, der mit Leiden verbunden war**": „Dies ist eine Anspielung auf die Nahkämpfe bei den griechischen Spielen oder auf die Zurschaustellung der Gladiatoren bei öffentlichen Vorführungen".

c. Weil ihr in euch selbst gewiss seid, dass ihr ein besseres und bleibendes Gut in den Himmeln besitzt: Sie hatten Verfolgung überstanden, weil sie sich eine auf den Himmel gerichtete Perspektive bewahrt hatten. Der Verfasser macht deutlich: auch eure *aktuelle* Situation, auch diese Entmutigung, könnt ihr durchstehen.

3. (35-39) Nutze deine Erfahrungen aus der Vergangenheit um daraus Kraft zum Ausharren in der Zukunft zu gewinnen.

So werft nun eure Zuversicht nicht weg, die eine große Belohnung hat! Denn standhaftes Ausharren tut euch not, damit ihr, nachdem ihr den Willen Gottes getan habt, die Verheißung erlangt. Denn noch eine kleine, ganz kleine Weile, *dann* wird der kommen, der kommen soll, und wird nicht auf sich warten lassen. „Der Gerechte aber wird aus Glauben leben"; *doch*: „Wenn er feige zurückweicht, so wird meine Seele kein Wohlgefallen an ihm haben". Wir aber gehören nicht zu denen, die feige zurückweichen zum Verderben, sondern zu denen, die glauben zur Errettung der Seele.

a. **So werft nun eure Zuversicht nicht weg**: Diese entmutigten Christen standen in der Gefahr, **ihre Zuversicht** in Jesus **wegzuwerfen** und zurück zu einer auf dem Alten Bund basierenden Beziehung zu Gott zu gehen.

b. **Denn standhaftes Ausharren tut euch not**: Sie und auch wir brauchen **standhaftes Ausharren** um die Verheißung Gottes empfangen zu können, **nachdem wir den Willen Gottes getan haben**. Die härtesten und entmutigendsten Anfechtungen erleben wir dann, wenn wir Gottes Willen deutlich gehört haben, die Erfüllung seiner Zusagen aber sehr weit weg zu sein scheint. Deswegen brauchen wir **Ausharren**. Unsere Treue in Zeiten, in denen Verheißungen scheinbar nicht erfüllt werden, ist der Maßstab unseres Gehorsams und unserer geistlichen Reife.

> i. **Ausharren** wächst durch Anfechtungen, die Bewährung unseres Glaubens (Jakobus 1,2-4).

c. **Der Gerechte aber wird aus Glauben leben**: Wir müssen den Fußstapfen der **Gerechten** folgen, die **aus Glauben leben** werden. Sie harren aus, bis Gottes Verheißungen erfüllt sind.

i. Jedes Wort in Habakuk 2,4 ist wichtig. Der Herr zitiert diesen Vers dreimal im Neuen Testament um seine Wichtigkeit zu verdeutlichen.

~ In Römer 1,17 zitiert Paulus Habakuk 2,4 mit der Betonung auf *Glauben*: „Der Gerechte aber wird aus **Glauben** leben".

~ In Galater 3,11 zitiert Paulus Habakuk 2,4 mit der Betonung auf *gerecht*: „Der **Gerechte** aber wird aus Glauben leben".

~ Hier in Hebräer 10,38 liegt die Betonung auf *leben*: „Der Gerechte wird aus Glauben **leben**".

d. **Wir aber gehören nicht zu denen, die feige zurückweichen zum Verderben, sondern zu denen, die glauben zur Errettung der Seele**: Das ist eine tröstliche Schlussfolgerung. Wir gehören zu denen, die ausharren und wir werden die Verheißung Gottes erhalten. Wir werden nicht zu alten Traditionen **zurückweichen** oder zu einer auf dem Alten Bund basierenden Beziehung zu Gott oder zu irgendeinem anderen Ersatz für Jesus zurückgehen.

Hebräer 11 – Vorbilder im Glauben, die den Entmutigten helfen sollten

A. Eine Definition des Glaubens.

1. (1) Was ist Glaube?

Es ist aber der Glaube eine feste Zuversicht auf das, was man hofft, eine Überzeugung von Tatsachen, die man nicht sieht.

a. **Es ist aber der Glaube eine feste Zuversicht**: Unser Sehvermögen ist das Sinnesorgan, das uns den Beweis für die Existenz der materiellen Welt gibt. Das geistliche Gegenstück dazu ist der **Glaube**: Er beweist uns die Existenz der unsichtbaren, geistlichen Welt.

i. Glaube hat seine rationalen Gründe. Die Bibel erwartet auch keinen blinden Glauben. Die Gründe für den Glauben können aber nicht in einem Labor erforscht werden, man muss sie in *geistlicher Hinsicht* verstehen. „Der Glaube geht über das hinaus, was wir mit unseren Sinnen erfassen können. Der Autor sagt hier, dass es stichfeste Argumente für den Glauben gibt. Aber diese Argumente können wir nicht mit unseren Sinnen begreifen, da diese den Glauben nicht beweisen können". (Morris)

ii. „Das physische Augenlicht bewirkt Beweise für sichtbare Dinge; der Glaube ist das Organ, das Menschen befähigt, die unsichtbare Ordnung zu sehen". (Bruce)

b. **Auf das, was man hofft, (…) Tatsachen, die man nicht sieht**: Wenn du etwas fühlen oder sehen kannst, ist kein **Glaube** notwendig. Man braucht Glauben für das, was man *nicht* sehen und *nicht* anfassen kann.

i. Glaube steht nicht im Gegensatz zur Logik, obwohl er sicher oft über das rein logische Verständnis hinausgeht. Objektiv gesehen kann man sagen, dass die Bibel das einzigartigste Buch ist, dass jemals veröffentlicht wurde und dass es die Gesellschaft mehr als jedes andere Buch beeinflusst hat. Aber nur der Glaube kann *beweisen*, dass die Bibel das

Wort Gottes ist. Daher geht dieser Glaube *über* das logische Verständnis *hinaus*, steht aber *nicht im Widerspruch* zur Logik.

c. **Der Glaube ist eine feste Zuversicht (…) eine Überzeugung**: Glaube ist **keine** bloße Überzeugung oder ein intellektuelles Verständnis. Es ist die Bereitschaft zu vertrauen, sich zu verlassen und daran festzuhalten.

2. (2) Glaube hat Menschen in vergangenen Zeiten dazu befähigt, Hindernisse zu überwinden.

Durch diesen haben die Alten ein *gutes* Zeugnis erhalten.

a. **Durch diesen haben die Alten**: Diese großen Beispiele für Gottgefälligkeit lebten alle in unterschiedlichen Umständen und hatten unterschiedliche Persönlichkeiten, eins aber hatten sie alle gemeinsam: Glauben.

b. **Ein gutes Zeugnis erhalten**: Die jüdischen Christen waren entmutigt und dachten darüber nach, Jesus und das unverwechselbar christliche an ihrem Glauben aufzugeben. Sie brauchten ein **gutes Zeugnis** und mussten daher von diesen Vorbildern im Glauben hören, um aus der Entmutigung herausfinden zu können.

3. (3) Glaube schenkt Einsicht in die unsichtbare Welt.

Durch Glauben verstehen wir, dass die Welten durch Gottes Wort bereitet worden sind, so dass die Dinge, die man sieht, nicht aus Sichtbarem entstanden sind.

a. **Durch Glauben verstehen wir, dass die Welten durch Gottes Wort bereitet worden sind**: Dies geschah als Gott befahl: *„Es werde Licht"* (1.Mose 1,3). Wie der Psalmist erklärt: *„Die Himmel sind durch das Wort des Herrn gemacht, und ihr ganzes Heer durch den Hauch seines Mundes. (…) Denn er sprach, und es geschah; er gebot, und es stand da"* (Psalm 33,6+9).

b. **Durch Glauben verstehen wir**: Wir haben diesen Schöpfungsakt nicht gesehen, aber durch **Glauben** wissen wir davon. Auch unser *logischer Verstand* ist davon überzeugt, weil wir wissen, dass die Welt erschaffen wurde. Wir wissen auch, dass sie durch einen intelligenten Schöpfer erschaffen wurde. Hier sehen wir wieder, dass der Glaube über das logische Verständnis *hinausgeht*, aber nicht im *Gegensatz* zur Logik steht.

i. Selbst in Zeiten, in denen es so aussieht, als erwarte Gott von uns einen Glauben, der wider die Vernunft ist, stellen wir bei näherem Betrachten fest, dass dem nicht so ist. Zum Beispiel scheint es gegen jede Vernunft zu sein, dass Gott von Abraham erwartete, dass er glaubte, dass Sarahs unfruchtbarer Mutterleib ein Kind gebären könnte. Aber es ist nicht unlogisch zu glauben, dass der Gott, der das Leben und den Mutterleib erschaffen hat, dies tun kann und es auch tun wird, weil er es verheißen hat.

c. Durch Glauben verstehen wir: Dieser Text sagt *nicht*, dass Gott die Welt *mit* oder *durch* **Glauben** geschaffen hat. Da Gott alle Dinge sieht und weiß, kann man den Begriff „Glauben", wie wir Menschen ihn verstehen, nicht auf ihn anwenden. Für uns Menschen ist *„der Glaube eine feste Zuversicht auf das, was man hofft, eine Überzeugung von Tatsachen, die man nicht sieht"* (Hebräer 11,1). Gott aber sieht alles und muss nichts „erhoffen".

d. So dass die Dinge, die man sieht, nicht aus Sichtbarem entstanden sind: Zu der Zeit, in der der Hebräerbrief entstand, glaubten die meisten der damaligen Wissenschaftler, dass das Universum aus bestehendem Material - nicht aus nichts - erschaffen wurde. Sie glaubten, dass die Welt aus **sichtbaren Dingen** gemacht war. Aber die Bibel korrigiert dieses falsche Verständnis und sagt deutlich, dass die Welt **nicht aus Sichtbarem entstanden ist**.

B. Glaube zu Beginn der Menschheitsgeschichte.

1. (4) Abels Glauben.

Durch Glauben brachte Abel Gott ein besseres Opfer dar als Kain; durch ihn erhielt er das Zeugnis, dass er gerecht sei, indem Gott über seine Gaben Zeugnis ablegte, und durch ihn redet er noch, obwohl er gestorben ist.

a. Durch Glauben brachte Abel Gott ein besseres Opfer dar: Der Unterschied zwischen den Opfern von Kain und Abel (1.Mose 4,3-5) lag nicht darin, dass das eine ein Tieropfer und das andere ein Opfer von den Früchten des Erdbodens war. Der Unterschied war, dass Abels Opfer **durch Glauben** dargebracht wurde.

i. „Abels Opfer wurde nur aus einem einzigen Grund dem Opfer seines Bruders vorgezogen: weil es durch Glauben geheiligt wurde. Ganz sicher roch das Fett der geschlachteten Tiere nicht so angenehm, als dass es Gott durch seinen Geruch hätte friedlich stimmen können". (Calvin)

b. Indem Gott über seine Gaben Zeugnis ablegte: Dass Gott Abels Opfer mit Feuer vom Himmel verzehrte, soll wahrscheinlich sein Wohlgefallen über das Opfer ausdrücken. Ähnliches lesen wir auch bei der Einweihung der Stiftshütte (3.Mose 9,24) und des Tempels (2.Chronik 7,1) und über die Opfer, die David (1.Chronik 21,26) und Elia (1.Könige 18,38) darbrachten.

c. Und durch ihn redet er noch, obwohl er gestorben ist: Bereits durch dieses erste Beispiel erinnert uns der Autor daran, dass Glaube nicht zwingenderweise auf Erden belohnt werden wird. Aber Gott selbst legt Zeugnis ab über die Gerechtigkeit der Treuen. Abels Blut spricht immer noch zu uns und erinnert uns an den Wert der Ewigkeit.

2. (5-6) Henochs Glauben.

Durch Glauben wurde Henoch entrückt, so dass er den Tod nicht sah, und er wurde nicht mehr gefunden, weil Gott ihn entrückt hatte; denn vor seiner

Entrückung wurde ihm das Zeugnis gegeben, dass er Gott wohlgefallen hatte. Ohne Glauben aber *ist es* unmöglich, *ihm* wohlzugefallen; denn wer zu Gott kommt, muss glauben, dass er ist, und *dass* er die belohnen wird, welche ihn suchen.

a. **Durch Glauben wurde Henoch**: Henoch ist eine der geheimnisvollen Gestalten des Alten Testaments. Nur 1.Mose 5,21-24 berichtet von ihm, dass er ein Mann war, der *„mit Gott wandelte und dass er nicht mehr war, weil Gott ihn hinwegnahm"*.

i. Viele jüdische und christliche Traditionen schreiben Henoch spektakuläre und esoterische Offenbarungen zu. Die Juden halten ihn für einen Propheten (Judas 14-15). Allerdings ist die Richtigkeit weiterer Prophetien, die ihm zugeschrieben werden, um es positiv auszudrükken, ungewiss.

b. **Durch Glauben wurde Henoch entrückt, so dass er den Tod nicht sah**: Der Verfasser des Hebräerbriefes setzt voraus, dass nur ein Mann des Glaubens enge Gemeinschaft mit Gott haben kann. Jeder, der solch eine Gemeinschaft mit Gott hat, muss ihm offensichtlich Wohlgefallen bereiten. Weil Henoch dies tat, erfüllte er den Zweck, zu dem der Mensch geschaffen ist (Offenbarung 4,11).

c. **Ohne Glauben aber ist es unmöglich, ihm wohlzugefallen**: Das ist der Grundglaube, den jeder haben muss, der Gott sucht. Man muss **glauben, dass er ist** und **dass er die belohnen wird, die ihn suchen.** Wir müssen glauben, dass Gott da ist und dass er sich einem suchenden Herzen offenbart.

i. Der Verfasser des Hebräerbriefes sagt nicht, dass es schwierig ist, Gott ohne Glauben wohlzugefallen. Er sagt, dass es **unmöglich** ist.

ii. „Diese beiden Elemente scheinen sehr einfach zu sein, aber wie viele bekennende Christen handeln leider, als ob Gott tot wäre und wie viele andere *erwarten von ihm nicht, dass er sie belohnt*, obwohl sie ihn suchen". (Newell)

3. (7) Noahs Glauben.

Durch Glauben baute Noah, als er eine göttliche Weisung empfangen hatte über die Dinge, die man noch nicht sah, von Gottesfurcht bewegt eine Arche zur Rettung seines Hauses; durch ihn verurteilte er die Welt und wurde ein Erbe der Gerechtigkeit aufgrund des Glaubens.

a. **Noah, als er eine göttliche Warnung empfangen hatte über die Dinge, die man noch nicht sah**: Noah wurde vor etwas gewarnt, das noch nie zuvor geschehen war. Sein Glaube zeigte sich nicht nur darin, dass er sicher war, dass die Sintflut kommen würde, sondern auch dadurch, dass er tat, was Gott ihm zur Vorbereitung auf die Flut auftrug. Er war **von Gottesfurcht bewegt**.

b. **Baute eine Arche**: Wahrer Glaube wird immer etwas *tun*. Der Jakobus-
brief wiederholt dieses Thema immer und immer wieder.

c. **Er verurteilte die Welt**: Wir sollten nicht denken, dass Noah jemand
war, der der Welt Verdammnis predigte. Stattdessen fühlt sich das schlichte
Verhalten der Gottgefälligen für die Welt oft wie Verdammnis an, ohne
dass auch nur ein Wort gepredigt wurde.

C. Glaube im Leben von Abraham und den Patriarchen.

1. (8) Abrahams Gehorsam durch Glauben.

**Durch Glauben gehorchte Abraham, als er berufen wurde, nach dem Ort
auszuziehen, den er als Erbteil empfangen sollte und er zog aus, ohne zu
wissen, wohin er kommen werde.**

a. **Durch Glauben gehorchte Abraham**: Abraham ging Schritte im Glauben,
er ging zu dem Ort, den Gott ihm verheißen hatte. Allerdings war sein Glaube
nicht vollkommen. Das erkennen wir, wenn wir 1.Mose 12,1-5 mit Apostelgeschichte 7,2-4 vergleichen. Dadurch wird deutlich, dass Abraham zuerst nur
die Hälfte des Weges ging, zu dem Gott ihn berufen hatte und *erst später* ganz
gehorchte. Trotzdem „erinnerte" sich Gott mehrere tausend Jahre später nicht
an den verspäteten Gehorsam, sondern nur an seinen Glauben.

2. (9-10) Abrahams Wanderleben voller Glauben.

**Durch Glauben hielt er sich in dem Land der Verheißung auf wie *in* einem
fremden, und wohnte in Zelten mit Isaak und Jakob, den Miterben derselben Verheißung; denn er wartete auf die Stadt, welche die Grundfesten
hat, deren Baumeister und Schöpfer Gott *ist*.**

a. **Durch Glauben hielt er sich in dem Land der Verheißung auf**: Abra-
ham lebte als „Gast" in dem Land, das Gott verheißen hatte. Er besaß keinen
Teil des Landes außer dem Stück Erde, auf dem er und Sarah begraben
waren. „Aufhalten" ist die Übersetzung des griechischen Wortes *paroikos*.
Es beschreibt einen „ortsansässigen Fremden", jemanden, der an einem
Ort lebt, sich aber nicht dauerhaft niedergelassen hat.

i. Ein „ortsansässiger Fremder" oder ein Gast ist leicht erkennbar.
Seine Redeweise, Kleidung, sein Benehmen, seine Essgewohnheiten,
Staatsangehörigkeit und Freunde lassen auf sein Herkunftsland schließen. Wenn sich jemand in all diesen Bereichen wie ein Einheimischer
verhält, ist er nicht länger ein Gast, sondern gilt als dauerhaft niedergelassen. Christen sollten hier auf der Erde nicht so leben als hätten
sie sich dauerhaft niedergelassen.

b. **Und wohnte in Zelten mit Isaak und Jakob**: Weil sie kein dauerhaf-
tes Zuhause hatten, lebten Abraham, Isaak und Jakob in **Zelten** statt in

Häusern. Sie hielten nach einer besseren Stadt Ausschau. Einer **Stadt, die Grundfeste hat** und **deren Baumeister und Schöpfer Gott ist.**

3. (11-12) Sarahs Glauben und seine Resultate.

Durch Glauben erhielt auch Sarah selbst die Kraft, schwanger zu werden, und sie gebar, obwohl sie über das geeignete Alter hinaus war, weil sie den für treu achtete, der es verheißen hatte. Darum sind auch von einem Einzigen, der doch erstorben war, Nachkommen hervorgebracht worden, *so zahlreich* wie die Sterne des Himmels und wie der Sand am Ufer des Meeres, der nicht zu zählen ist.

a. **Durch Glauben erhielt auch Sarah**: Sarahs Glauben war nicht vollkommen. Sie lachte zuerst voller Unglauben (1.Mose 18,9-15) und lernte dann, mit vollem Glauben zu lachen (1.Mose 21,6).

b. **Weil sie den für treu erachtete, der es verheißen hatte**: Glauben bedeutet im Prinzip, dass man sicher ist, dass Gott treu ist und dass er seine Verheißungen hält. Dieser Glaube gab Sarah **Kraft, schwanger zu werden.** Gott gab diese Kraft, aber Sarah empfing sie im Glauben.

c. **Hervorgebracht worden, so zahlreich wie die Sterne des Himmels**: Weil Sarah und Abraham glaubten, wurden ihnen Tausende und Millionen Nachkommen geboren. Ihr Glaube hatte Einfluss auf eine so große Anzahl von Menschen, wie sie sich das nie erträumt hatten.

4. (13-16) Was uns Abrahams und Sarahs Glaube lehrt.

Diese alle sind im Glauben gestorben, ohne das Verheißene empfangen zu haben, sondern sie haben es nur von ferne gesehen und waren davon überzeugt, und haben *es* willkommen geheißen und bekannt, dass sie Fremdlinge und Wanderer ohne Bürgerrecht sind auf Erden; denn die solches sagen, geben damit zu erkennen, dass sie ein Vaterland suchen. Und hätten sie dabei *jenes* im Sinn gehabt, von dem sie ausgegangen waren, so hätten sie ja Gelegenheit gehabt, zurückzukehren; nun aber trachten sie nach einem besseren, nämlich einem *himmlischen*. Darum schämt sich Gott ihrer nicht, ihr Gott genannt zu werden; denn er hat ihnen eine Stadt bereitet.

a. **Diese alle sind im Glauben gestorben, ohne das Verheißene empfangen zu haben**: Die Verheißung über den Messias war Abraham und Sarah gegeben wurde und sie glaubten daran. Trotzdem **starben** sie, ohne sie empfangen zu haben; sie hatten diese Verheißung nur **im Glauben** gesehen.

i. Sie haben es nur **von ferne gesehen**, aber sie waren bereit, über die Verheißung Gottes nachzudenken, obwohl die Erfüllung so weit weg zu sein schien.

ii. Nachdem sie sorgfältig über die Verheißung nachgedacht hatten, **waren sie davon überzeugt**, dass sie gültig und rechtskräftig war, weil *Gott* selbst diese Verheißung gegeben hatte.

iii. Sie haben **es willkommen geheißen** und die Verheißung im Glauben angenommen. Abraham und Sarah dachten vermutlich jeden Tag viele Male über den Sohn nach, den Gott ihnen verheißen hatte und jedes Mal **hießen** sie die Verheißung **willkommen**. „Die Heiligen heißen die Verheißungen willkommen. Das griechische Wort bedeutet ‚Gruß oder Salut‘, wie zwei Freunde, die sich aus der Ferne grüßen". (Spurgeon)

iv. Sie bekannten, **dass sie Fremdlinge und Wanderer waren**: Abraham und Sarah glaubten der Verheißung. Sie vergaßen dabei jedoch nicht, dass diese Welt nicht ihr Zuhause war. Sie wussten, dass Gott ihnen ein besseres und bleibendes Zuhause im Himmel vorbereitet hatte.

v. Wenn diese Vorbilder im Glauben schwierige und entmutigende Zeiten aushielten, ohne **das Verheißene empfangen zu haben**, dann haben wir, die wir das Verheißene empfangen *haben*, noch viel mehr Grund auszuharren.

vi. Diese alle sind im Glauben gestorben:

~ Sie mussten nicht erst auf dem Sterbebett nach Glauben suchen. Sie **starben im Glauben**.

~ Obwohl sie glaubten, mussten sie sterben. Wir glauben nicht, um dem Tod zu entfliehen, sondern um **im Glauben** zu sterben.

~ Sie gelangten nie *über* den Glauben *hinaus* oder „wuchsen" aus der schlichten Abhängigkeit von Gott heraus.

~ Sie handelten nie *ohne* Glauben oder verloren ihn gar.

b. **Sie suchen ein Vaterland. (...) Sie trachten nach einem besseren, nämlich einem himmlischen**: Aus Glauben zu leben ist leichter, wenn wir uns immer daran erinnern, dass diese Welt nicht unser Zuhause ist. Es ist leichter, wenn wir uns immer wieder daran erinnern, dass auf dieser Seite der Ewigkeit nicht alles geklärt und nicht jedes Unrecht wieder gut wird. Darum **suchen sie ein Vaterland, ein besseres, ein himmlisches**.

i. Es ist sehr schwierig zu glauben, wenn man im Alltag als „praktizierender Atheist" lebt. Dass zeigt sich darin, dass man zwar theoretisch an Gott glaubt, aber der Glaube bei den täglichen Entscheidungen und Handlungen *keine Rolle spielt*. Wenn wir daran denken, dass es eine geistliche Realität gibt, ein himmlisches Zuhause, das unser wahres Zuhause ist, dann ist Glauben viel einfacher.

ii. Ein Trend der heutigen Zeit ist der *Naturalismus*, der Glaube, dass nur das „real" ist, was man in der Natur sehen und bewerten kann. Wissenschaftler und Pädagogen, die den Naturalismus unterstützen, haben vielleicht kein Problem damit, dass man an Gott glaubt, solange man zustimmt, dass Gott ein Märchen ist, dass er eben nicht *real* ist. Wenn wir aber an die *Realität* Gottes, des Himmels und an die Realität seines Wortes glauben, ist das für Anhänger des Naturalismus absolut unannehmbar.

iii. H.L. Mencken hat einmal gesagt, dass der Glaube das „unlogische Vertrauen auf das Eintreten des Unmöglichen ist". Das wäre nur dann wahr, wenn es Gott nicht gäbe oder wenn er keine Rolle spielte. Weil Gott *existiert* und weil er die Hauptperson *ist*, ist Glaube absolut logisch.

c. **Darum schämt sich Gott ihrer nicht, ihr Gott genannt zu werden**: Wer mutig genug ist, an Gott zu glauben und zu glauben, dass er *real* ist und dass der Himmel und das ewige Leben *real* sind, für den **schämt Gott sich nicht, sein Gott genannt zu werden, denn er hat ihm eine Stadt bereitet.**

i. Wir denken oft darüber nach, dass wir uns nicht für Gott schämen sollten, aber wir dürfen auch nicht vergessen, dass wir Gott vielleicht dazu bringen, sich für uns zu schämen. Wenn wir Gott, den Himmel und die Ewigkeit nicht für real halten, wird Gott in gewisser Weise **beschämt sein, unser Gott genannt zu werden.**

5. (17-19) Abrahams Glaube war groß genug zu wissen, dass Gott die Toten auferwecken konnte und dass er in der Lage war, seine Verheißungen zu halten.

Durch Glauben brachte Abraham den Isaak dar, als er geprüft wurde, und opferte den *Eingeborenen*, er, der die Verheißungen empfangen hatte, zu dem gesagt worden war: ‚In Isaak soll dir ein Same berufen werden'. Er zählte darauf, dass Gott *imstande ist*, auch aus den Toten *aufzuerwecken*, weshalb er ihn auch als ein Gleichnis wieder erhielt.

a. **Durch Glauben brachte Abraham den Isaak dar, als er geprüft wurde**: Die grammatische Form des Verbs **darbringen** zeigt auf, dass das Opfer – soweit es Abraham betraf – vollständig war. Er hatte ein Ja dazu gefunden, seinen Sohn zu opfern und diesen Schritt innerlich für sich schon vollzogen.

b. **Opferte den Eingeborenen**: Obwohl Abraham noch einen anderen Sohn hatte (Ismael, den Sohn, der in einem fleischlichen Versuch, Gottes Verheißung zu erfüllen, gezeugt wurde), erkannte Gott ihn nicht an (1.Mose 22,1-14). Daher kann Isaak als der **eingeborene** Sohn bezeichnet werden.

c. **Er zählte darauf, dass Gott imstande ist**: Das griechische Wort, das hier mit „darauf zählen" übersetzt wird, bedeutet genau das: Es ist eine arithmetische Bezeichnung für „eine bestimmte und sorgfältig abgewogene Handlung" (Guthrie). Es bedeutet, dass Abraham Gottes Verheißung sorgfältig durchdachte und für zuverlässig erachtete.

d. **Aus den Toten aufzuerwecken, weshalb er ihn (...) wieder erhielt**: Für Abraham war Isaak so gut wie tot. Daher empfing er ihn zurück von den Toten. Dies war bereits ein Hinweis auf die Auferstehung Jesu.

> i. Bruce wirft die Frage auf, ob Jesus sich nicht in Johannes 8,56 auf diese Begebenheit bezieht, als er sagte: *„Abraham, euer Vater, frohlockte, dass er meinen Tag sehen sollte; und er sah ihn und freute sich".*

> ii. Als Abraham mit einer Verheißung und einem Gebot Gottes konfrontiert war, die sich zu widersprechen schienen, tat er, was wir alle tun sollten: Er gehorchte dem Gebot und überließ es Gott, sich um die Verheißung zu kümmern. Gott war viel eher in der Lage dies zu tun.

6. (20) Isaaks Glauben.

Durch Glauben segnete Isaak den Jakob und den Esau im Hinblick auf zukünftige Dinge.

a. **Durch Glauben segnete Isaak Jakob**: Isaak war wirklich im *Fleisch*, nicht im **Glauben**, als er zuerst Esau und nicht Jakob segnen wollte. Er wollte Esau aus fleischlichen Gründen mit dem Erstgeburtsrecht segnen. Er bevorzugte Esau, weil dieser männlicher war und Wild mit nach Hause brachte. Er hätte stattdessen Jakob, den Gott erwählt hatte, aussuchen sollen.

b. **Durch Glauben segnete Isaak**: Trotzdem kam Isaak an diesen Punkt des **Glaubens**, nachdem er entdeckt hatte, dass er Jakob statt Esau gesegnet hatte. Wir lesen in 1.Mose 27,33, dass *„Isaak sich über die Maßen entsetzte".* Als er *sich über die Maßen entsetzte,* war er aufgewühlt, weil er erkannte, dass er versucht hatte, Gott in eine Ecke zu drängen, um dessen Plan zu durchkreuzen. Stattdessen hatte Gott ihn besiegt. Ihm wurde klar, dass er immer verlieren würde, solange er sich gegen Gottes Willen auflehnte, auch wenn ihm der Wille Gottes nicht gefiel. Er musste außerdem lernen, dass der Wille Gottes wunderbar war, obwohl er sich auf so arrogante Art und Weise dagegen aufgelehnt hatte.

c. **Durch Glauben**: **Glaube** wurde Teil von Isaaks Segen, nachdem sein Versuch, Gottes Willen zu durchkreuzen, gescheitert war. Dies sehen wir in 1.Mose 27,33, als Isaak sagte: *„Er wird auch gesegnet bleiben!"* Er erkannte, dass sein mickriger Versuch, Gott zu besiegen, gescheitert war und im Glauben antwortete er: „In Ordnung, Gott, du gewinnst. Jakob soll mit dem Erstgeburtsrecht gesegnet sein und Esau wird nach ihm auf seine Art und Weise gesegnet sein".

7. (21) Jakobs Glauben.

Durch Glauben segnete Jakob, als er im Sterben lag, jeden der Söhne Josephs und betete an, auf seinen Stab *gestützt*.

a. **Durch Glauben segnete Jakob, als er im Sterben lag, jeden der Söhne Josephs**: Jakob hatte den überwiegenden Teil seines Lebens im Fleisch gelebt. Trotzdem konnte er im Glauben über den Tod hinaus schauen und so segnete er jeden seiner Söhne.

b. **Und betete an, auf seinen Stab gestützt**: Jakob musste sich **auf seinen Stab stützen**, weil er seit der Begegnung mit Gott in Pniel vor vielen Jahren hinkte (1.Mose 32,24-32). Während er sich auf seinen Stab lehnte, erinnerte er sich daran, dass Gott groß war und dass dieser seine Zukunft und die seiner Nachkommen in Händen hielt. Deswegen **betete** er **an** und demonstrierte dadurch seinen Glauben und seine Abhängigkeit von Gott.

8. (22) Josephs Glauben.

Durch Glauben gedachte Joseph bei seinem Ende an den Auszug der Söhne Israels und traf Anordnungen wegen seiner Gebeine.

a. **Durch Glauben gedachte Joseph**: Joseph gedachte **an den Auszug der Söhne Israels** als er (in 1.Mose 50,24) sagte: *„Gott wird euch gewiss heimsuchen und euch aus diesem Land hinaufführen in das Land, das er Abraham, Isaak und Jakob zugeschworen hatte"*. Er wusste, dass Gottes Verheißung wahr war!

b. **Traf Anordnungen wegen seiner Gebeine**: Als Joseph starb, wurde er nicht begraben. Sein Sarg blieb ca. 400 Jahre lang unbeerdigt, bis er zurück nach Kanaan gebracht wurde. Er war all die Jahre lang ein stummes Zeugnis dafür, dass Israel zurück in das Verheißene Land gehen würde, genau so, wie Gott es gesagt hatte.

i. „Der Heilige Geist sucht in diesem Kapitel die brillantesten Beispiele für Glauben aus dem Leben gottgefälliger Männer heraus. Ich hätte nie erwartet, dass er ausgerechnet den Sterbemoment Josephs für den erhabensten Beweis seines Glaubens an Gott sehen würde. (...) Liebe Brüder und Schwestern, zeigt uns das nicht, dass wir sehr armselige Richter sind, wenn wir beurteilen, woran sich Gott am meisten erfreut?" (Spurgeon)

c. **Durch Glauben gedachte Joseph**: Josephs Glaube war noch Jahre nach seinem Tod ein Zeugnis. Jedes Mal, wenn während dieser Zeit ein Kind aus dem Volk Israel Josephs Sarg sah und fragte, warum er da war und warum Joseph nicht beerdigt war, gab man ihm die Antwort: „Weil Joseph nicht in Ägypten, sondern im Verheißenen Land beerdigt werden wollte, in das Gott uns eines Tages führen wird".

D. Glauben im Volk Israel.

1. (23) Der Glaube von Moses Eltern.

Durch Glauben wurde Mose nach seiner Geburt von seinen Eltern drei Monate lang verborgen gehalten, weil sie sahen, dass *er* ein schönes Kind *war*; und sie fürchteten das Gebot des Königs nicht.

    a. **Durch Glauben wurde Mose (...) von seinen Eltern drei Monate lang verborgen gehalten**: Moses Eltern zeigten Glauben als sie erkannten, dass er von Gott bevorzugt war. Trotz Gefahr gingen sie Schritte im Glauben, um sein Leben zu retten.

2. (24-26) Moses Glauben am Hof des Pharaos.

Durch Glauben weigerte sich Mose, als er groß geworden war, ein Sohn der Tochter des Pharao zu heißen. Er zog es vor, mit dem Volk Gottes Bedrängnis zu erleiden, als den vergänglichen Genuss der Sünde zu haben, da er die Schmach des Christus für größeren Reichtum hielt als die Schätze, die in Ägypten waren; denn er sah die Belohnung an.

    a. **Weigerte sich (...) ein Sohn der Tochter des Pharao zu heißen**: Mose zeigte Glauben, als er es Gott überließ, seine Zukunft festzulegen und sich weder vom Pharao noch von seinem eigenen Ehrgeiz bestimmen ließ.

    b. **Er zog es vor (...) Bedrängnis zu erleiden**: Diese Entscheidung hatte Konsequenzen. Mose wusste, dass er **Bedrängnis zu erleiden** hatte und dass er nicht **den vergänglichen Genuss der Sünde** haben konnte, wenn er Gottes Weg ging. Sünde birgt Genuss, aber Mose ordnete sie ganz richtig als vergänglich ein. Sie ist vergänglich, selbst wenn sie unser ganzes *irdisches* Leben lang andauern sollte.

    c. **Die Schmach des Christus**: Mose wusste es zu diesem Zeitpunkt vermutlich nicht, aber die Verfolgung, die er erlitt, brachte ihn in die Gemeinschaft Jesu, der litt, um Menschen frei zu machen.

3. (27) Moses Glauben, als er Ägypten verließ.

Durch Glauben verließ er Ägypten, ohne die Wut des Königs zu fürchten; denn er hielt sich an den Unsichtbaren, als sähe er ihn.

    a. **Durch Glauben verließ er Ägypten, ohne die Wut des Königs zu fürchten**: Mose sah die Gefahr, die vom Pharao ausging und er verstand, wie gefährlich es war, in der Reichweite Ägyptens zu bleiben. Aber mit den Augen des Glaubens sah er **den Unsichtbaren** und er verstand, dass Gott in dieser Situation eine größere Realität war als ein zorniger Pharao.

4. (28) Mose zeigte Glauben, als er Israel im Gehorsam gegen Gott im Passah anleitete.

Durch Glauben hat er das Passah durchgeführt und das Besprengen mit Blut, damit der Verderber ihre Erstgeborenen nicht antaste.

    a. **Durch Glauben hat er das Passah durchgeführt**: Glauben war notwendig, um darauf zu vertrauen, dass das Blut eines Lammes am Türpfosten einen Haushalt vor dem Schrecken des Todesengels bewahren konnte. Aber Mose hatte diesen Glauben und führte die Nation darin an, **das Passah** einzuhalten.

5. (29) Der Glaube der Nation Israel, als sie das Schilfmeer durchquerten.

Durch Glauben gingen sie durch das Rote Meer wie durch das *Trockene*, während die Ägypter ertranken, als sie das *versuchten*.

    a. **Durch Glauben gingen sie durch das Rote Meer**: Der Unterschied zwischen den Israeliten, die das Schilfmeer durchquerten und den Ägyptern, die ihnen folgten, war nicht Mut, sondern Glauben. Die Ägypter hatten genauso viel oder sogar noch mehr Mut als die Israeliten, aber sie hatten nicht denselben **Glauben** und sie erlitten ein völlig anderes Schicksal. Die Israeliten **durchquerten** das Rote Meer, während die Ägypter **ertranken**.

6. (30) Der Glaube der Nation Israel, als sie Jericho umkreisten, wie Gott es befohlen hatte.

Durch Glauben fielen die Mauern von Jericho, nachdem sie sieben Tage umzogen worden waren.

    a. **Durch Glauben fielen die Mauern von Jericho**: Das Volk Israel hatte in Jericho *waghalsigen* Glauben. Es gab kein Zurück mehr, weil sie den Jordan, der Hochwasser führte, bereits überquert hatten. Daher hatten sie keine Rückzugsmöglichkeit mehr.

    b. **Nachdem sie sieben Tage umzogen worden waren**: Das Volk Israel hatte in Jericho *gehorsamen* Glauben. Sie verstanden nicht wirklich, was Gott tat, aber sie gehorchten trotzdem.

    c. **Nachdem sie sieben Tage umzogen worden waren**: Das Volk Israel hatte in Jericho *geduldigen* Glauben. In den ersten sechs Tagen fielen die Stadtmauern nicht, trotzdem marschierte Israel weiter, wie Gott es befohlen hatte.

    d. **Sieben Tage**: Das Volk Israel hatte in Jericho *erwartenden* Glauben. Sie wussten, dass Gott am siebten Tag handeln würde, wenn sie ein großes Kriegsgeschrei anstimmten.

7. (31) Rahabs Glauben.

Durch Glauben ging Rahab, die Hure, nicht verloren mit den Ungläubigen, weil sie die Kundschafter mit Frieden aufgenommen hatte.

    a. **Durch Glauben ging Rahab, die Hure, nicht verloren**: Josua 2 berichtet von **Rahab**, einem scheinbar sehr ungewöhnlichen Vorbild im Glauben. Aber ihr Vertrauen in Gott und ihre Bereitschaft, sich trotz der Kosten mit seinem Volk zu identifizieren, ist bemerkenswert.

    b. **Weil sie die Kundschafter mit Frieden aufgenommen hatte**: Als die hebräischen Spione zu Rahab kamen, verkündete sie, dass *„der HERR, euer Gott, Gott oben ist im Himmel und unten auf Erden"* (Josua 2,11). Dies war der Beweis ihres Glaubens. Es war kein starker Glaube und es war kein vollkommener Glaube, aber trotzdem war ihr Glaube lobenswert.

i. Clemens von Rom, der erste gläubige Autor christlicher Schriften außerhalb des Kanons der biblischen Bücher, war der Erste, der in dem karmensinroten Faden, den Rahab in ihr Fenster knüpfte, ein Symbol für das Blut Jesu sah (Josua 2,18).

8. (32) Andere Helden des Glaubens.

Und was soll ich noch sagen? Die Zeit würde mir ja fehlen, wenn ich erzählen wollte von Gideon und Barak und Simson und Jephta und David und Samuel und den Propheten.

a. **Gideon**: Er zerstörte mutig Götzenstandbilder und wurde von Gott auf machtvolle Art und Weise gebraucht, um eine viel größere Armee Midianiter zu besiegen (Richter 6-7). Aber er war auch ein Mann, der zuerst am Wort Gottes zweifelte und wiederholt um Bestätigung bat.

b. **Barak**: Er führte das Volk Israel in einem dramatischen Sieg über die Kanaaniter an (Richter 4). Trotzdem zögerte er und zog erst voran, nachdem er von Debora ermutigt worden war.

c. **Simson**: Er wurde von Gott auf machtvolle Art und Weise gebraucht, um die Philister zu besiegen. Trotzdem schöpfte er nie sein ganzes Potential aus und sein Leben nahm ein tragisches Ende, nachdem er von Delila verführt worden war (Richter 13-16).

d. **Jephta**: Er wurde von Gott gebraucht, um die Ammoniter zu besiegen. Aber Jephta schwor einen törichten Eid und war dickköpfig genug, ihn auch zu halten (Richter 11).

e. **David**: Der große König Israels war ein bemerkenswerter Mann des Glaubens. Aber er versagte bei Bathseba und seinen eigenen Kindern.

i. Dies alles waren Männer des Glaubens, aber es gab in ihren Leben auch beträchtliches Versagen. Trotzdem lobt Hebräer 11 ihren Glauben und führt sie in dieser „Ruhmeshalle des Glaubens" auf. Dies zeigt uns, dass schwacher Glaube besser als Unglaube ist und dass man nicht vollkommen sein muss, um es in Gottes „Ahnengalerie des Glaubens" zu schaffen.

9. (33-35a) Einige waren im Glauben siegreich *über* die Umstände.

Die durch Glauben Königreiche bezwangen, Gerechtigkeit wirkten, Verheißungen erlangten, die Rachen der Löwen verstopften; sie haben die Gewalt des Feuers ausgelöscht, sind der Schärfe des Schwertes entkommen, sie sind aus Schwachheit zu Kraft gekommen, sind stark geworden im Kampf, haben die Heere der Fremden in die Flucht gejagt. Frauen erhielten ihre Toten durch Auferstehung wieder.

a. **Königreiche bezwangen**: Unter ihnen waren David, Josua, König Asa, König Hiskia und König Josia.

b. **Gerechtigkeit wirkten**: Unter ihnen waren Elia, Elisa und auch die anderen Propheten und König Josia.

c. **Verheißungen erlangten**: Unter ihnen waren auch Kaleb, Gideon und Barak.

d. **Die Rachen der Löwen verstopften**: Dies meint Daniel, David und Benaja (einer der Helden Davids).

e. **Sie haben die Gewalten des Feuers ausgelöscht**: Unter ihnen waren Sadrach, Mesach und Abednego.

f. **Sind der Schärfe des Schwertes entkommen**: David entkam dem Schwert Goliats und dem Schwert Sauls; Mose entkam dem Schwert des Pharao und Elia entkam dem Schwert Isebels.

g. **Sie sind aus Schwachheit zu Kraft gekommen**: Unter ihnen waren Sarah, Gideon, Abraham, Ester und König Hiskia.

h. **Sind stark geworden im Kampf**: Einige von den vielen, die im Kampf stark geworden sind, waren David, König Asa und Josaphat.

i. **Frauen erhielten ihre Toten durch Auferstehung wieder**: Das Alte Testament erwähnt mindestens zwei Personen, auf die diese Beschreibung zutrifft: die Witwe aus Zarpat und die schunamitische Frau.

10. (35b-38) Im Glauben waren einige siegreich *in* ihren Umständen.

Andere aber ließen sich martern und nahmen die Befreiung nicht an, um eine bessere Auferstehung zu erlangen; und andere erfuhren Spott und Geißelung, dazu Ketten und Gefängnis; sie wurden gesteinigt, zersägt, versucht, sie erlitten den Tod durchs Schwert, sie zogen umher in Schafspelzen und Ziegenfellen, erlitten Mangel, Bedrückung, Misshandlung; sie, deren die Welt nicht wert war, irrten umher in Wüsten und Gebirgen, *in* Höhen und Löchern der Erde.

a. **Martern**: Dies ist ein brutales Wort im griechischen Urtext. Es bedeutet, jemanden mit einem Stock oder Knüppel zu schlagen.

b. **Eine bessere Auferstehung**: Jesus erklärt in Johannes 5,29, dass es eine Auferstehung des Lebens *und* eine Auferstehung des Gerichts gibt. Die Würdigen empfingen die **bessere Auferstehung.**

c. **Erfuhren Spott**: Isaak erduldete den grausamen Spott Ismaels und Simson wurde beim Fest der Philister verspottet.

d. **Ketten und Gefängnis**: Josef wurde für seinen Glauben ins Gefängnis geworfen und der böse König Ahab nahm den Propheten Micha gefangen.

e. **Sie wurden gesteinigt**: Sacharja wurde zwischen dem Altar und dem Tempel gesteinigt. Nabot wurde von Isebels Handlangern gesteinigt.

f. **Zersägt**: Zuverlässigen jüdischen Traditionen zufolge wurde Jesaja zersägt.

g. **Versucht**: Neben diesen schrecklichen körperlichen Qualen führt der Verfasser auch das **Versucht sein** im gleichen Zusammenhang an. Manche denken, dass der Urtext an dieser Stelle verfälscht wurde und hier ursprünglich „gebrandmarkt", „lebendig verbrannt", „verstümmelt" oder „erwürgt" stand. Aber für die, welche die Qualen und den Schmerz der Versuchung kennen, ist es logisch, dass der Autor die Überwindung der Versuchung als wahren Triumph des Glaubens betrachtete.

i. „,Sie wurden versucht': Wir erfahren nicht, wie das geschah. Wenn hier beschrieben worden wäre, wie sie versucht wurden, hätten wir angenommen, dass sie nur auf eine bestimmte Weise versucht worden wären. Obwohl wir hier nur lesen ‚sie wurden versucht', dürfen wir nicht annehmen, sie seien nicht auf jede nur mögliche Art und Weise versucht wurden". (Spurgeon)

h. **Sie erlitten den Tod durchs Schwert**: Doeg tötete z.B. 85 Priester und auch zu Lebzeiten Elias wurden viele Propheten umgebracht.

i. **Sie zogen umher in Schafspelzen und Ziegenfellen**: Einer von denen, die diese Kleidung trugen, war Elia. Er störte sich nicht an dieser demütigen Kleidung und auch nicht an ihrer Unbequemlichkeit.

j. **Deren die Welt nicht wert war**: Die Welt steht Gläubigen nicht immer freundlich gegenüber und sie hat sie oft auch nicht verdient.

i. „Die verachtete und misshandelte Gruppe der Knechte Gottes war von größerem Wert als der ganze Rest der Menschheit zusammengenommen". (Morris)

k. **In Höhen und Löchern der Erde**: David, Elia und die Propheten unter der Leitung Obadjas waren gezwungen zu fliehen und sich in Höhlen zu verstecken.

11. (39-40) Schlussfolgerung: Wir haben mehr Gründe zu glauben, mehr Gründe am Glauben festzuhalten als diese Glaubenshelden.

Und diese alle, obgleich sie durch den Glauben ein gutes Zeugnis empfingen, haben das Verheißene nicht erlangt, weil Gott für uns etwas Besseres vorgesehen hat, damit sie nicht ohne uns vollendet würden.

a. **Obgleich sie durch den Glauben ein gutes Zeugnis empfingen**: Obwohl sie dieses gute Zeugnis empfingen, **haben sie die Verheißung** des vollendeten Werks des Messias **nie erlangt**. Wenn diese Nachfolger Gottes standhaft bleiben konnten, ohne die Verheißung zu erlangen, dann sollten die, welche die Verheißung empfangen haben, erst recht weitergehen, auch in Anfechtungen und Schwierigkeiten.

b. **Weil Gott für uns etwas Besseres vorgesehen hat**: Uns ist etwas Besseres gegeben (wir dürfen das für uns vollendete Werk Jesu sehen und genießen). Deswegen haben wir *viel mehr Grund* am Glauben festzuhalten und uns nicht von Entmutigung und schwierigen Zeiten besiegen lassen.

c. **Damit sie nicht ohne uns vollendet würden**: Ohne das Werk Jesu konnten sie nicht vollendet werden. Sie blickten auf den kommenden Jesus und sein zukünftiges Werk, wir schauen es uns in der Rückschau an und genießen die Früchte seines Werkes.

i. Ihre Treue macht unseren Glauben ein bisschen einfacher. Der Verfasser des Hebräerbriefes sprach zu Beginn des Kapitels vom Glauben in der Präsensform: *„Es ist aber der Glaube.. ".. „Durch Glauben verstehen wir.."..* (Hebräer 11,1 und 11,3). Das Ende des Kapitels erinnert uns daran, dass der Glaube *ist* und dass er für uns ist, die *wir* in den Fußstapfen dieser treuen Männer und Frauen aus vergangenen Zeiten wandeln.

Hebräer 12 – Gründe, um in entmutigenden Zeiten auszuharren

A. Schau auf Jesus.

1. (1) Praktische Auswirkungen dieser Vorbilder des ausdauernden Glaubens in Hebräer 11.

Da wir nun eine solche Wolke von Zeugen um uns haben, so lasst uns jede Last ablegen und die Sünde, die *uns* so leicht umstrickt, und lasst uns mit Ausdauer laufen in dem Kampf, der vor uns liegt.

a. **Da wir nun eine solche Wolke von Zeugen um uns haben**: Der Autor beschreibt in diesem geistlichen Bild Glaubenshelden der Vergangenheit als Zuschauer im Himmel, die uns zujubeln, während wir wie in einem sportlichen Wettkampf voranstreben, um Entmutigung zu überwinden.

i. Der Gedanke, dass die Glaubenshelden der Vergangenheit uns dabei zusehen, wie wir das Leben im Glauben leben, lässt einige annehmen, dass man vom Himmel aus beobachten kann, was auf der Erde vor sich geht. Diese einzelne Textstelle *deutet* vielleicht darauf *hin*, reicht aber nicht aus, um es zu *beweisen*.

ii. Wir nehmen zu Recht an, dass der Himmel ein Ort ist, an dem die Menschen immer glücklich und unbeschwert sind. Es ist allerdings nur schwer vorstellbar, dass jemand im Himmel glücklich und unbeschwert sein kann, wenn er beobachtet, was auf der Erde geschieht. Es ist daher schwierig zu sagen, dass die Menschen im Himmel uns wirklich beobachten.

iii. Andere denken, dass diese **Zeugen** nicht *uns* dabei beobachten, wie wir unser Leben gestalten, sondern dass sie **Zeugen** des Glaubens und des Ausharrens *für* uns sind.

iv. „Sowohl in der griechischen als auch in der lateinischen Sprache wird der Ausdruck ‚Wolke' oft gebraucht, um eine *große Zahl* an Menschen oder Dinge zu beschreiben". (Clarke)

b. **So lasst uns jede Last ablegen und die Sünde**: Die Sünde kann uns zurückhalten, aber es gibt auch viele Dinge, die vielleicht keine Sünde sind (**jede Last**), die aber trotzdem Hindernisse darstellen, die uns davon abhalten, das Rennen, das Gott für uns vorbereitet hat, effektiv zu laufen.

i. Oft müssen wir bei Entscheidungen nicht zwischen richtig oder falsch wählen, sondern zwischen etwas, das uns hindert und etwas anderem, das uns nicht hindert. Gibt es eine **Last** in deinem Leben, die du **ablegen** musst?

c. **Die uns so leicht umstrickt**: Die Worte „leicht umstrickt" sind die Übersetzung des schwierigen griechischen Worts *euperistaton*, das sich auf vier verschiedene Arten und Weisen übersetzen lässt: „leicht zu vermeiden", „verehrt", „verführen" oder „gefährlich".

i. Lasst uns sie *alle* **ablegen**:

~ Manche Sünden lassen sich *leicht vermeiden*, werden aber nicht vermieden.

~ Manche Sünden werden *verehrt*, müssen aber abgelegt werden.

~ Manche Sünden sind *verführend* und deswegen besonders schädlich.

~ Manche Sünden sind *gefährlicher* als andere.

ii. Wenn solche verführenden Sünden wirklich das Werk dämonischer Besessenheit oder dämonischen Einflusses in einem Christen wären, wäre diese Stelle eine ideale Gelegenheit für den Heiligen Geist, dies anzusprechen. Allerdings wird uns nirgendwo Anlass gegeben, Dämonen für unsere Sünde zu beschuldigen. Stattdessen gilt dieser Aufruf uns: Wir müssen in der Kraft des Heiligen Geistes **jede Last ablegen und die Sünde, die uns so leicht umstrickt**.

d. **Lasst uns mit Ausdauer laufen**: Wir brauchen Ausdauer um das, was wir in Christus begonnen haben, zu vollenden: **den Kampf, der vor uns liegt**.

i. Gott hat dich in einen Wett**kampf** gestellt. Du musst ihn laufen und dies erfordert Anstrengung und Hingabe. Wer passiv ist, gewinnt nie einen Kampf. Gott möchte, dass wir rennen und unseren Kampf gut beenden.

ii. Man braucht **Ausdauer**, um solch einen Wettkampf zu bestehen. **Ausdauer** ist die Übersetzung des griechischen Worts *hupomone*. „Es beschreibt nicht die Geduld, die sich hinsetzt und die Dinge akzeptiert, sondern die Geduld, die sie bewältigt. (...) Es ist eine Entschlossenheit, ohne Eile, aber auch ohne Verzögerung, die nach vorn strebt und sich weigert, sich ablenken zu lassen". (Barclay)

iii. In Apostelgeschichte 20,24 spricht Paulus von sich selbst als einem Läufer, der ein Rennen zu beenden hat. Nichts kann ihn davon abhalten, diesen Lauf mit Freuden zu beenden. In diesem Abschnitt spricht Paulus von *„meinem Lauf"*. Er musste seinen Wettkampf laufen, wir haben unseren eigenen, aber Gott ruft uns dazu auf, ihn mit Freuden zu beenden und das geschieht nur, wenn wir **Ausdauer** haben.

e. **In dem Kampf, der vor uns liegt**: **Kampf** ist die Übersetzung des griechischen Worts *agona*. Es wird für Konflikte und Kämpfe verschiedenster Art gebraucht und war eins der Lieblingsworte des Apostels Paulus (Philipper 1,30; Kolosser 2,1; 1.Thessalonicher 2,2; 1.Timotheus 6,12; 2.Timotheus 4,7).

2. (2) Das beste Beispiel: Jesus Christus.

Indem wir hinschauen auf Jesus, den Anfänger und Vollender des Glaubens, der um der vor ihm liegenden Freude willen das Kreuz erduldete und dabei die Schande für nichts achtete, und der sich zur Rechten des Thrones Gottes gesetzt hat.

a. **Indem wir hinschauen auf Jesus**: Die *Neues Leben Bibel* übersetzt dies sehr schön: „Dies tun wir, indem wir *unsere Augen auf Jesus gerichtet halten*". Wir können in diesem Kampf nur bestehen, wenn wir auf Jesus blicken und unsere Augen immer auf ihn fixieren. Er ist unser Fokus, unsere Inspiration und unser Vorbild.

i. Im Griechischen wird bei diesem Ausdruck „**hinschauen auf Jesus**" ein Verb verwendet, das deutlich macht, wie notwendig es ist, ganz entschlossen von anderen Dingen *wegzusehen* und immer wieder bewusst *auf* Jesus *zu schauen*.

ii. „Das griechische Wort für ‚hinschauen' hat eine umfassendere Bedeutung als das englische (oder das deutsche; Anm. des Übersetzers) Wort. Es ist mit einer Präposition verbunden, die deutlich macht, dass man den Blick von allem anderen weglenken muss. Du musst von allem anderen weg auf Jesus schauen. Richte deine Augen nicht auf die Wolke von Zeugen, sie werden dich behindern, wenn sie deine Augen von Jesus ablenken. Schau nicht auf die Last und die hartnäckige Sünde, die du abgelegt hast, schau von diesen Dingen weg. Schau noch nicht einmal auf den Kampf oder die anderen Kämpfer, sondern schau auf Jesus und beginne so das Rennen". (Spurgeon)

iii. Wir müssen uns davor hüten, Jesus *nur* als Vorbild zu sehen. Er war und ist so viel mehr. Trotzdem bleibt er das allerbeste Beispiel für christliches Ausharren.

b. **Den Anfänger und Vollender des Glaubens**: Jesus ist nicht nur der **Anfänger** des Glaubens, er ist auch der **Vollender**. Der Gedanke, *„dass* *der, welcher in euch ein gutes Werk angefangen hat, es auch vollenden wird bis auf den Tag Jesu Christi"* (Philipper 1,6), war wirklich ein Trost für diese entmutigten Christen.

c. Der um der vor ihm liegenden Freude willen: Jesus hat nicht das Kreuz selbst als Freude angesehen. Aber er sah über das Gräuel des Kreuzes hinaus auf die Freude, die dahinter lag. Die gleiche Gesinnung befähigte diese jüdischen Christen damals (und uns heute) dazu auszuharren.

d. Dabei die Schande für nichts achtete: Eines der bekanntesten Merkmale der Qualen am Kreuz war die damit verbundene große **Schande**. Jesus hat diese Schande nicht willkommen geheißen, er hat sie für *nichts erachtet*, trotzdem hat er sie bis zum Sieg ausgehalten.

i. **Schande** ist eine erhebliche Anfechtung. In Daniel 12,2 lesen wir, dass Schande ein Merkmal der Qualen der Hölle sein wird: *„Und viele von denen, die im Staub der Erde schlafen, werden aufwachen; die einen zum ewigen Leben, die anderen zur ewigen Schmach und Schande"*. Jesus ertrug diese höllische Schande, um unsere Erlösung zu vollbringen.

- Jesus ertrug eine schändliche Anschuldigung: Gotteslästerung.

- Jesus ertrug schändlichen Spott.

- Jesus ertrug schändliche Schläge.

- Jesus trug eine schändliche Krone.

- Jesus trug einen schändlichen Umhang.

- Jesus ertrug selbst als er am Kreuz betete schändlichen Spott.

ii. Dies ist für viele ein Stein des Anstoßes. Sie tun wirklich alles für Jesus, *außer* Schande oder Peinlichkeiten zu ertragen. Spurgeon sprach einmal freimütig zu solchen Christen, welche die Schande, die die Welt uns entgegenbringt, weil wir Jesus nachfolgen, nicht ertragen konnten: „Trotzdem bist du ein Feigling. Ja, ich wiederhole es klipp und klar: Du bist ein Feigling. Wenn irgendjemand dich so bezeichnen würde, würdest du rot werden und vielleicht bist du in anderen Bereichen deines Lebens kein Feigling. Was für eine Schande, dass du, der du doch sonst so mutig bist, dass du feige bist, wenn es um Jesus Christus geht. Mutig für die Welt und feige für Christus!"

iii. „Ich habe neulich von einem Gebet gehört, das ich zuerst nicht wirklich mochte, aber es hat etwas für sich. Der gute Mann sagte: ,Herr, wenn unsere Herzen hart sind, mach Du sie weich. Wenn unsere Herzen aber zu weich sind, dann mach Du sie hart'. Ich wusste, was er meinte und ich denke, dass ich den letzten Teil des Gebets für einige meiner Freunde beten kann, die so feinfühlig sind, dass eine höhnische

Bemerkung sie umbringen würde. Möge der Herr sie verhärten, bis sie die Schande für nichts achten können!" (Spurgeon)

e. **Und der sich zur Rechten des Thrones Gottes gesetzt hat**: Dies meint Jesu Verherrlichung. Die gleiche Verheißung des verherrlicht Werdens (in anderer Hinsicht) nach unserer Schande gilt (in anderer Hinsicht) auch für Christen.

3. (3-4) Achte auf Jesus.

Achtet doch auf ihn, der solchen Widerspruch von den Sündern gegen sich erduldet hat, damit ihr nicht müde werdet und den Mut verliert! Ihr habt noch nicht bis aufs Blut widerstanden im Kampf gegen die Sünde.

a. **Ihr habt noch nicht bis aufs Blut widerstanden im Kampf gegen die Sünde**: Diese jüdischen Christen waren so entmutigt, weil sie gerade die Anfänge ernster sozialer und wirtschaftlicher Verfolgung erlebten (obwohl **noch nicht** Blut vergossen worden war).

b. **Achtet doch auf ihn, der solchen Widerspruch von Sündern gegen sich erduldet hat**: Wenn sie auf Jesus **achten**, können sie auch in Schwierigkeiten *ermutigt* statt *entmutigt* sein, weil sie wissen, dass sie in den Spuren Jesu wandeln. Wie Paulus schrieb: „*Wenn wir wirklich mit ihm leiden, damit wir auch mit ihm verherrlicht werden*". (Römer 8,17)

c. **Damit ihr nicht müde werdet und den Mut verliert**: Die Gewissheit, dass Jesus nicht mehr von uns verlangt als dass, was er selbst erlebt hat und dass er ganz genau weiß, was wir durchleben, hält uns davon ab, **müde** zu werden und **den Mut zu verlieren**.

B. Warum Gott schwierige Zeiten erlaubt: die Züchtigung Gottes.

1. (5-6) Erinnert euch an die Ermahnung über die Züchtigung des Herrn.

Und habt das Trostwort vergessen, dass zu euch als zu Söhnen spricht: „Mein Sohn, achte nicht gering die Züchtigung des Herrn und verzage nicht, wenn du von ihm zurechtgewiesen wirst! Denn wen der Herr lieb hat, den züchtigt er, und er schlägt jeden Sohn, den er annimmt".

a. **Und habt vergessen**: Ein Hauptgrund für die Entmutigung unter diesen jüdischen Christen war, dass sie nicht verstanden, warum Gott schwierige Zeiten in ihrem Leben zuließ. Aber sie hatten Gottes Prinzipien der Züchtigung vergessen.

i. Viele Schwierigkeiten in unserem Leben als Christen lassen sich auf diese drei Worte zurückführen: **Ihr habt vergessen**. Eigentlich kennen wir die eine oder andere Glaubenswahrheit, aber wir haben sie in unseren Herzen **vergessen** – und müssen uns jetzt neu daran erinnern.

ii. In stressigen Zeiten oder in Anfechtungen vergessen viele Christen oft grundlegende Dinge. Sie fragen sich ernsthaft, ob Gott noch immer alles in der Hand hat oder ob er sie immer noch liebt. Wir müssen zugeben, dass Gott alles *erlaubt*, was geschieht. D.h., er muss allem zumindest passiv zustimmen, weil er ganz sicher die Macht hat, schlimme Dinge aufzuhalten.

iii. Natürlich ist Gott *niemals* der Urheber des Bösen. Aber er erlaubt anderen, das Böse zu wählen und er kann böse Entscheidungen gebrauchen, um seine endgültigen, guten Absichten geschehen zu lassen und um dadurch seine Gerechtigkeit als Gegenteil des Bösen zu demonstrieren.

b. **Dass er zu euch als zu Söhnen spricht**: Dieses Zitat aus Sprüche 3,11-12 erinnert uns daran, dass wir Gottes Züchtigung nie als Zeichen seiner Ablehnung ansehen sollten. Im Gegenteil, es ist stattdessen ein Zeichen dafür, dass er uns als seine Kinder behandelt.

i. Nur sehr stolze Christen würden behaupten, dass sie niemals von Gott korrigiert werden müssen. Niemand steht über dieser Art der Erziehung.

c. **Achte nicht gering die Züchtigung des Herrn**: Wir beleidigen Gott, wenn wir seine Züchtigung für **gering erachten**. Sie ist sein liebevolles Werkzeug der Korrektur und wir sollten es dankbar annehmen.

i. „Ich habe oft genug einen Vater sagen hören: ‚Junge, wenn du deswegen weinst, sollst du nach und nach auch einen Grund zum Weinen haben.' Wenn wir über eine Kleinigkeit klagen, gibt Gott uns etwas, das uns wirklich zum Weinen bringt. Wenn wir über ‚nichts' stöhnen, gibt er uns ‚etwas', das uns wirklich zum Stöhnen bringt". (Spurgeon)

ii. **Züchtigung** ist nicht der *einzige* Grund, aus dem Gott schwierige Zeiten erlaubt, aber es ist ein wichtiger Grund. Wir wissen zum Beispiel, dass Gott schwierige Zeiten zulässt, damit wir andere zu einem späteren Zeitpunkt mit dem gleichen Trost trösten können, mit dem Gott uns in dieser Krise getröstet hat (2.Korinther 1,3-7).

iii. Aus diesem Grund empfiehlt Jakobus in seinen Lehren über das Ausharren in der Anfechtung (Jakobus 1,2-5), dass wir um Weisheit beten sollen. Wir müssen wissen, wie wir auf das reagieren sollen, was Gott tut.

2. (7-8) Züchtigung als Zeichen dafür, dass wir Gottes Söhne sind.

Wenn ihr Züchtigung erduldet, so behandelt euch Gott ja als Söhne; denn wo ist ein Sohn, den der Vater nicht züchtigt? Wenn ihr aber ohne Züchtigung seid, an der sie alle Anteil bekommen haben, so seid ihr ja unecht und keine Söhne!

a. **So behandelt euch Gott ja als Söhne**: Viele Menschen behaupten, dass sie Gott nicht als liebevollen Vater annehmen können, weil sie nie erlebt haben, dass ihr irdischer Vater sie liebt. Trotzdem können auch sie immer noch die Liebe Gottes des Vaters empfangen.

i. Nicht jeder kennt einen vorbildlichen Vater aus *eigener Erfahrung*, aber wir alle wissen *intuitiv*, wie ein guter Vater ist. Gott ist dieser perfekte Vater und er gibt uns diese Intuition. Man ist leicht von einem *schlechten* Vater enttäuscht oder fühlt sich betrogen, weil man diesen schlechten Vater intuitiv mit dem *guten* Vater im Himmel vergleicht.

b. **So behandelt euch Gott ja als Söhne**: Gottes Eingreifen geschieht nie, um uns zu bestrafen oder uns für unsere Sünden *bezahlen* zu lassen. Das geschah ein für alle mal am Kreuz. Er greift ein und korrigiert uns *nur*, weil er uns liebt und nicht, weil der Gerechtigkeit Genüge getan werden müsste. Er züchtigt uns, ohne dabei ärgerlich zu sein.

i. „Während ein Gläubiger niemals vor Gottes Gericht als Krimineller angeklagt werden und für seine Schuld bestraft werden wird, steht er jetzt in einer neuen Beziehung: einer Eltern-Kind-Beziehung. Als Sohn wird er vielleicht für eine Sünde bestraft". (Spurgeon)

c. **Wenn ihr aber ohne Züchtigung seid (…), so seid ihr ja unecht und keine Söhne**: Wer von sich denkt, er brauche von Gott nicht mehr gezüchtigt werden, macht sich selbst zu einem illegitimen (**unechten**) Kind Gottes.

d. **Unecht und keine Söhne**: Es ist ein Zeichen des Zorns Gottes, wenn er unsere Sünde ignoriert, weil er dadurch erlaubt, dass sie ohne Korrektur vorübergeht. Seine Inaktivität geschieht nie aus Ignoranz oder mangelnder Initiative, wie es vielleicht bei einem menschlichen Vater der Fall ist.

3. (9-10) Gottes Züchtigung ist erhabener als die unserer irdischen Väter.

Zudem hatten wir ja unsere leiblichen Väter als Erzieher und scheuten uns vor *ihnen*; sollten wir uns da nicht vielmehr dem Vater der Geister unterwerfen und leben? Denn jene haben *uns* wenige Tage gezüchtigt, so wie es ihnen *richtig* erschien; er aber zu *unserem* Besten, damit *wir* seiner Heiligkeit teilhaftig werden.

a. **Und scheuten uns vor ihnen**: Wir sollten der Erziehung unseres himmlischen Vaters noch mehr Respekt entgegenbringen und uns ihr bereitwilliger unterordnen, als wir das bei der Erziehung unserer irdischen Väter getan haben.

b. **Sollten wir uns da nicht vielmehr dem Vater der Geister unterwerfen und leben?** Wir sollten deswegen Gottes Züchtigung niemals gering schätzen, auch wenn sie unangenehm ist. Wenn wir uns darüber ärgern, machen wir uns praktisch mit Gott gleich und sind uns nicht bewusst, dass wir ja seine Kinder sind.

i. Es kann demütigend und bitter sein, von einer gleichgestellten Person gezüchtigt zu werden, aber es ist etwas anderes, von einem rechtmäßig Höherstehenden gezüchtigt zu werden. Groll über Gottes Züchtigung zeigt, wie wir Gott und uns selbst sehen.

c. **Er aber zu unserem Besten**: Menschliche Väter können uns (selbst wenn sie die besten Absichten haben) nur auf unvollkommene Art und Weise züchtigen, weil sie keine vollkommene Weisheit haben. Aber der allwissende Gott kann uns auf vollkommene Art und Weise züchtigen, mit besseren und anhaltenderen Ergebnissen als selbst der beste irdische Vater.

4. (11) Achtet mehr auf das *Ergebnis* der Züchtigung als auf den *Prozess* des Züchtigens.

Alle Züchtigung aber scheint uns für den Augenblick nicht zur Freude, sondern zur Traurigkeit zu dienen; danach aber gibt sie eine friedsame Frucht der Gerechtigkeit denen, die durch sie geübt sind.

a. **Alle Züchtigung aber scheint uns für den Augenblick nicht zur Freude**: Anfechtungen sind Anfechtungen und Züchtigung ist Züchtigung. Wenn es nicht weh tut oder uns nicht zusetzt, erfüllt eine Anfechtung nicht ihren Zweck. Manchmal wünschen wir uns Anfechtungen, die keine sind und Züchtigungen, die keine Züchtigungen sind.

i. „Wenn Bedrängnis erfreulich *wäre*, wäre sie dann überhaupt Züchtigung? Ich frage dich, wäre es nicht absolut *lächerlich*, wenn ein Vater sein Kind so züchtigen würde, dass es nachher lachend und voller Freude über die Tracht Prügel die Treppe hinunter kommen würde? Sie wäre überhaupt *nicht nützlich*, sondern absolut unbrauchbar. Welchen Nutzen hätte eine Züchtigung, die man nicht spürt? Das macht keinen Sinn? Dann ist eine solche Art der Züchtigung ganz sicher auch nicht von Nutzen!" (Spurgeon)

b. **Eine friedsame Frucht der Gerechtigkeit**: Diese **Frucht** muss im Leben eines Christen sichtbar sein. Der Grund, warum viele in ihrem Leben eine Krise nach der anderen erleben, ist entweder, dass sie der Züchtigung Gottes gegenüber blind sind oder sich ihr widersetzen. Sie sind **durch sie** nicht **geübt** und deswegen ist die **friedsame Frucht der Gerechtigkeit** nicht sichtbar.

i. Das griechische Wort für „**geübt**" entstammt ursprünglich der Welt des Sports. Das Training eines Athleten ist durch Schmerzen gekennzeichnet und das Gleiche gilt auch für unser Training als Gottes „geistliche Athleten".

ii. Gott verfolgt ein bestimmtes Ziel, wenn er dich trainieren lässt. Denk an David, der von einem Löwen angegriffen wurde, während er noch die Schafe hütete. Er hätte leicht voller Verzweiflung denken können: „Warum hat Gottes so etwas Schreckliches erlaubt? Um ein Haar hätte ich es nicht geschafft!" Hätte David in die Zukunft sehen können, hätte er gewusst, dass Gott ihn durch diesen Kampf mit dem Löwen darauf vorbereitete, eines Tages einem Riesen namens Goliath gegenüber zu treten. Gott verfolgt immer eine Absicht und ein Ziel. Wir können ihm vertrauen.

c. **Danach aber gibt sie eine friedsame Frucht der Gerechtigkeit**: Eine „himmlische Tracht Prügel" tut weh, aber wir müssen über den *Prozess* hinaus auf das *Ergebnis* schauen. Das Ergebnis tritt nicht *sofort* ein, aber **danach**.

i. „Viele Gläubige sind tief betrübt, weil sie nicht sofort sehen, welchen Nutzen ihre Bedrängnisse haben. Nun ja, man erwartet aber doch auch nicht, Äpfel oder Pflaumen an einem Baum zu sehen, den man erst vor einer Woche gepflanzt hat. Nur kleine Kinder setzen Samen ins Blumenbeet und erwarten, dass sie innerhalb einer Stunde wachsen". (Spurgeon)

C. Anwendung: Werde stark, bring alles in Ordnung, werde mutig und sei wachsam.

1. (12-13) Werde stark.

Darum ,richtet wieder auf die schlaff gewordenen Hände und die erlahmten Knie' und ,macht gerade Bahnen für eure Füße', damit das Lahme *nicht vom Weg abkommt*, sondern vielmehr geheilt wird.

a. **Darum richtet wieder auf die schlaff gewordenen Hände**: Genau wie ein Trainer oder Befehlshaber beim Militär sagt der Verfasser des Hebräerbriefes hier seinen „Spielern", dass sie loslegen sollen. Er hat ausführlich *begründet*, warum sie stark im Herrn sein und ihre Entmutigung ablegen sollen; jetzt ist es Zeit, *aktiv* zu werden.

b. **Sondern vielmehr geheilt wird**: Die hier benutzten Bilder (aufgerichtete **Hände** und **Knie**; **gerade Bahnen für die Füße**) vermitteln die Bereitschaft zu arbeiten und für den Herrn zu wirken. Diese Bereitschaft verschwindet als erstes, wenn jemand der Entmutigung nachgibt.

2. (14-17) Bring alles in Ordnung.

Jagt nach dem Frieden mit *jedermann* und der Heiligung, ohne die niemand den Herrn sehen wird! Und achtet darauf, dass nicht jemand die Gnade Gottes versäumt, dass nicht etwa eine bittere Wurzel aufwächst und Unheil anrichtet und viele durch diese befleckt werden, dass nicht jemand ein Unzüchtiger oder ein gottloser Mensch *sei* wie Esau, der um einer Speise willen sein Erstgeburtsrecht verkaufte. Denn ihr wisst, dass er nachher verworfen wurde, als er den Segen erben wollte, denn obgleich er ihn unter Tränen suchte, fand er keinen Raum zur Buße.

a. **Jagt nach dem Frieden mit jedermann und der Heiligung**: Bring alles mit den Menschen (**jagt dem Frieden nach mit jedermann**) und mit Gott (**und der Heiligung**) in Ordnung. Entmutigung macht uns schludrig und gleichgültig in unseren Beziehungen.

i. Wir erfahren über die Heiligung, dass **ohne sie niemand den Herrn sehen wird**. Ein Mangel an Heiligkeit ist ein entscheidendes Hindernis für eine enge Beziehung mit Gott.

ii. „Unheilige Christen sind die Plage jeder Gemeinde. Sie sind Flecken in unseren ‚Liebesmahlen' (Judas 12). Sie sind genau wie versteckte Felsen im Meer, die die größte Furcht aller Seefahrer sind: Es ist schwierig, an ihnen vorbei zu rudern und man kann nie sagen, welchen Schiffbruch sie verursachen". (Spurgeon)

b. **Dass nicht jemand die Gnade Gottes versäumt**: Mit Hilfe der Gnade Gottes müssen wir alles in Ordnung bringen. Also pass sorgfältig auf, dass du dich selbst und andere von einer Rückkehr zur Gesetzlichkeit in jeglicher Form, äußerlich oder in deiner Einstellung, fernhältst. Wer so denkt und handelt, versäumt die Gnade Gottes. Dadurch **wächst** leicht **eine bittere Wurzel auf und richtet Unheil an**.

i. „Eine *bittere Wurzel* ist eine Wurzel, die bittere Frucht hervorbringt. (...) Es geschieht leicht, dass der Same der Bitterkeit in einer Gemeinde gesät wird und dann wächst nach einiger Zeit zwangsläufig die Frucht heran, obwohl es nicht sofort sichtbar ist". (Morris)

ii. Bitterkeit verdirbt viele. Sie ist i.d.R. in einer persönlichen Verletzung verwurzelt. Viele Menschen halten mit erstaunlicher Dickköpfigkeit an ihrer Bitterkeit fest. Sie müssen sich daran erinnern, dass sich die Gnade Gottes auch auf sie erstreckt und dann sie müssen anfangen, diese Gnade an andere weiterzugeben und die lieben, die es nicht verdient haben.

iii. William Barclay erklärt, dass der Ausdruck „**dass nicht jemand die Gnade Gottes versäumt**" auch mit *„darin versagen, an der Gnade Gottes dranzubleiben"* übersetzt werden könnte. Der Gedanke ist, dass sich die Gnade Gottes nach vorn bewegt, weg von dem Schmerz und den Verletzungen der Vergangenheit. Auch wir sollten nach vorne gehen.

c. **Dass nicht jemand ein Unzüchtiger oder ein gottloser Mensch sei**: Bring deinen Lebenswandel in Ordnung. Bedenke, dass einige Segnungen nur für die reserviert sind, *„die reinen Herzens sind, denn sie werden Gott schauen"* (Matthäus 5,8).

i. **Wie Esau, der um einer Speise willen sein Erstgeburtsrecht verkaufte**: Viele Christen verkaufen heute ihr Erstgeburtsrecht der Intimität mit Gott so billig wie Esau sein Erstgeburtsrecht (1.Mose 25,29-34 und 27,30-40).

ii. **Fand er keinen Raum zur Buße**: „Hier geht es nicht um Vergebung. Gottes Vergebung steht dem reuigen Sünder immer zur Verfügung. Esau hätte zu Gott zurückkehren können, aber seine Tat konnte er nicht ungeschehen machen". (Morris)

iii. **Obgleich er ihn unter Tränen suchte**: Esaus Erstgeburtsrecht wurde ihm nicht einfach deswegen zurückgegeben, weil er es sich *zurückwünschte*. Er konnte es nicht wiedererlangen, weil er es *gering geschätzt* hatte.

3. (18-24) Werde mutig.

Denn ihr seid nicht zu dem Berg gekommen, den man anrühren konnte, und zu dem glühenden Feuer, noch zu dem Dunkel, der Finsternis und dem Gewittersturm, noch zu dem Klang der Posaune und dem Donnerschall der Worte, bei dem die Zuhörer baten, dass das Wort nicht weiter zu ihnen geredet werde – denn sie ertrugen nicht, was befohlen war: „Und wenn ein Tier den Berg berührt, soll es gesteinigt werden!" Und so schrecklich war die Erscheinung, *dass* Mose sprach: „Ich bin erschrocken und zittere!" – sondern ihr seid gekommen zu dem Berg Zion und zu der Stadt des lebendigen Gottes, dem himmlischen Jerusalem, und zu Zehntausenden von Engeln, zu der Festversammlung und zu der Gemeinde der Erstgeborenen, die im Himmel angeschrieben *sind*, und zu Gott, dem Richter über alle, und zu den Geistern der vollendeten Gerechten, und zu Jesus, dem Mittler des neuen Bundes, und zu dem Blut der Besprengung, das Besseres redet *als* [das Blut] Abels.

a. **Denn ihr seid nicht zu dem Berg gekommen, den man anrühren konnte, und zu dem glühenden Feuer**: Israels Ankunft am Berg Sinai können wir in 2.Mose 19,10-25 nachlesen. Der Berg war abgezäunt und das Betreten absolut verboten. Den Israeliten war befohlen worden, ihre Kleidung zu waschen und sexuell enthaltsam zu sein. Es donnerte, blitzte und eine dicke Wolke lag über dem Berg. Hörnerschall ertönte und rief das Volk zur Begegnung mit Gott. Rauch wie aus einem Schmelzofen stieg auf, die Erde wurde erschüttert und ein langer Hörnerschall erklang bis Mose sprach und Gott selbst antwortete. Gott sprach zu Israel vom Berg Sinai, aber er warnte das Volk auf jede nur mögliche Art, sich vom Berg *fernzuhalten*.

b. **Bei dem die Zuhörer baten, dass das Wort nicht weiter zu ihnen geredet werde**: Die Reaktion Israels war verständlich: Die Menschen hatten Todesangst (2.Mose 20,18-21). Sie wollten, dass dieses Erlebnis *aufhörte* und nicht noch länger andauerte.

i. Diese Furcht konnte aber nicht bewirken, dass die Heiligkeit unter dem Volk Israel zunahm. Sie konnte nicht die Herzen der Israeliten verändern. Vierzig Tage später beteten sie ein goldenes Kalb an und behaupteten, das Kalb sei der Gott, der sie aus Ägypten geführt habe.

c. **Denn ihr seid nicht zu dem Berg gekommen**: Wir stehen in einer anderen Beziehung zu Gott. Sie ist nicht der Erfahrung Israels am Berg Sinai nachempfunden. Wir kommen zu Gottes anderem Berg: Zion. Dies ist der Name des Hügels, auf dem Jerusalem liegt.

i. Betrachte die Unterschiede zwischen dem Berg Sinai und dem Berg Zion.

~ Der Berg Sinai war gekennzeichnet von Furcht und Terror – der Berg Zion ist ein Ort der Liebe und der Vergebung.

~ Der Berg Sinai liegt in der Wüste – der Berg Zion ist die Stadt des lebendigen Gottes.

~ Der Berg Sinai symbolisiert irdische Dinge – der Berg Zion symbolisiert himmlische Dinge.

~ Am Berg Sinai durfte sich nur Mose Gott nähern – am Berg Zion sind **Zehntausende, eine Festversammlung** dazu eingeladen, näher zu treten.

~ Der Berg Sinai steht für schuldige Menschen voller Angst, der Berg Zion steht für **vollendete Gerechte**.

~ Am Berg Sinai war Mose der Mittler, am Berg Zion ist Jesus der Mittler.

~ Am Berg Sinai wurde ein Alter Bund eingesetzt, der durch Tierblut gültig gemacht wurde. Der Berg Zion steht für einen Neuen Bund, der durch das Blut des kostbaren Sohnes Gottes für gültig erklärt worden.

~ Am Berg Sinai ging es hauptsächlich um Ausschluss und darum, Menschen vom Berg fernzuhalten. Am Berg Zion dagegen dreht sich alles um eine Einladung.

~ Am Berg Sinai drehte sich alles um das Gesetz. Am Berg Zion dreht sich alles um die Gnade.

d. **Sondern ihr seid gekommen zu dem Berg Zion**: Die Lektion ist eindeutig. Wir sollten nicht zum Berg Zion kommen als kämen wir zum Berg Sinai. Also leg dein Zögern ab und komme mutig zu Gott.

i. Natürlich wird hier auch die Überlegenheit des Neuen Bundes herausgestellt. Das zeigt uns, dass diese jüdischen Christen noch nicht einmal darüber nachdenken sollten, zurückzugehen, um die Religion des Bergs Sinai der Beziehung des Bergs Zion vorzuziehen.

e. **Zu dem Blut der Besprengung, das Besseres redet als [das Blut] Abels**:
Mit dem **Blut Abels** ist hier nicht das Blut gemeint, dass er bei seinem Mär-
tyrertod vergoss, sondern das Blut des Opfers, dass er darbrachte: das erste
in der Bibel aufgezeichnete Opfer, das ein Mensch Gott darbrachte. Das
Blut Jesu **redet Besseres** als das Blut eines Tieropfers, als das Blut Abels.

4. (25-29) Sei wachsam

**Habt acht, dass ihr den nicht abweist, der redet! Denn wenn jene nicht
entflohen sind, die den abgewiesen haben, der auf der Erde göttliche Wei-
sungen verkündete,** *wie viel weniger wir,* **wenn wir uns von dem abwenden, der es vom Himmel herab tut! Seine Stimme erschütterte damals die
Erde; nun aber hat er eine Verheißung gegeben, indem er spricht: „Noch
einmal erschüttere ich nicht allein die Erde, sondern auch den Himmel!"
Dieses „Noch einmal" deutet aber hin auf die Beseitigung der Dinge, die
erschüttert werden, als solche, die erschaffen worden sind, damit die Dinge
bleiben, die nicht erschüttert werden können. Darum, weil wir ein unerschütterliches Reich empfangen, lasst uns die Gnade festhalten, durch die
wir Gott auf wohlgefällige Weise dienen können mit Scheu und Ehrfurcht!
Denn unser Gott** *ist* **ein verzehrendes Feuer.**

a. **Habt acht, dass ihr den nicht abweist, der redet!** Wenn wir uns weigern,
stark zu werden, alles in Ordnung zu bringen und mutig zu werden, dürfen
wir die daraus resultierenden Konsequenzen nicht länger ignorieren.

b. **Denn wenn jene nicht entflohen sind**: Die Rebellion am Berg Sinai
hatte Konsequenzen. Wer sich gegen das größere Werk Gottes am Berg
Zion stellt, wird auch größere Konsequenzen erdulden müssen.

c. **Seine Stimme erschütterte damals die Erde. (...) Noch einmal erschüttere ich nicht allein die Erde, sondern auch den Himmel. (…)
Dinge (…), die nicht erschüttert werden können**: Gott erschütterte die
gegenwärtige Ordnung und diese belagerten jüdischen Christen fühlten
das. Aber alles, was Gott gehört, und sein Volk wird bleiben.

d. **Darum, weil wir ein unerschütterliches Reich empfangen, lasst uns
die Gnade festhalten**: Das Reich selbst wird nie erschüttert werden. Daher
müssen wir Gottes unverdiente Annahme in Jesus ergreifen, die uns dabei
hilft, **Gott auf wohlgefällige Weise zu dienen.**

i. „Ehre sei Gott, unser Reich kann nicht erschüttert werden! Auch
kein Dynamit kann unser Reich anrühren: Keine Macht der Welt,
keine Macht der Hölle kann das Reich erschüttert, dass der Herr seinen
Heiligen gegeben hat. Mit Jesus als unserem Monarchen brauchen wir
uns vor Revolution oder Anarchie nicht fürchten, denn: der Herr hat
dieses Reich auf einen Felsen gegründet und es kann weder erschüttert
noch entfernt werden". (Spurgeon)

ii. Manche argumentieren irrtümlicherweise, dass „zuviel Gnade" Respektlosigkeit gegenüber Gott hervorbringt. Tatsächlich gibt uns die Gnade **Scheu und Ehrfurcht**. Wer denkt, dass Gnade ihm die Lizenz zum Sündigen gibt, wandelt vielleicht überhaupt nicht in der Gnade.

e. **Unser Gott ist ein verzehrendes Feuer**: Da Gott wirklich ein **verzehrendes Feuer** ist, ist es das Beste, wenn wir zu *seinen* Bedingungen zu ihm kommen. Das sind die Bedingungen der unverdienten Annahme in Jesus. Er wird alles verzehren, was sich außerhalb dieses Bereichs befindet.

i. Diese Wahrheit, dass **Gott ein verzehrendes Feuer ist,** ist ein *Trost* für alle Gläubigen. Sie erkennen, dass der Vater sein **verzehrendes Feuer** des Gerichts an unserer Stelle auf den Sohn ausgegossen hat. Als er starb, hat sein Tod die Schuld der Sünde in allen Gläubigen *vollständig* verzehrt. Die Schuld der Sünde wurde in Jesus am Kreuz *verzehrt*.

Hebräer 13 – Als Christ positiv leben

A. Anweisungen für das Gemeindeleben.

1. (1-3) Zeige brüderliche Liebe.

Bleibt fest in der brüderlichen Liebe! Vernachlässigt nicht die Gastfreundschaft; denn *durch sie* haben etliche ohne ihr Wissen Engel beherbergt. Gedenkt an die Gefangenen, als wärt ihr Mitgefangene, und derer, die misshandelt werden, als solche, die selbst auch noch im Leib leben.

a. **Bleibt fest in der brüderlichen Liebe**: Der Verfasser des Hebräerbriefes gebraucht hier das griechische Wort *philadelphia*. Er geht davon aus, dass es **brüderliche Liebe** unter Christen gab. Er bittet sie ganz einfach darum, darin **festzubleiben**.

i. In der Sprache des Neuen Testaments, im Griechischen, gibt es vier gebräuchliche Worte, die wir im Deutschen mit dem Wort *Liebe* übersetzen.

~ *Eros* ist ein Ausdruck für Liebe. Wie man schon von dem Wort selbst ableiten kann, beschreibt es die erotische, also sexuelle Liebe.

~ *Storge* ist ein weiteres Wort für Liebe. Es beschreibt Liebe in der Familie, also die eines Elternteils zum Kind und die Liebe zwischen Familienmitgliedern im Allgemeinen.

~ *Agape* ist das ausdrucksstärkste Wort für *Liebe* im Neuen Testament und wird oft gebraucht, um Gottes Liebe für uns zu beschreiben. Diese Liebe liebt unveränderlich. Es ist eine selbstgebende Liebe, die gibt, ohne Erwiderung zu fordern oder zu erwarten. Es ist eine solch große Liebe, dass sie auch den Nichtliebenswerten und den Nichtanziehenden gegeben werden kann. Es ist eine Liebe, die liebt, auch wenn sie abgelehnt wird. Agapeliebe gibt und liebt, weil sie das so will. Sie erwartet oder fordert keine Erwiderung für die gezeigte Liebe. Sie gibt, weil sie liebt. Sie liebt nicht um etwas zu empfangen. Bei der *Agape*liebe geht es nicht um *Gefühle*, sondern um *Entscheidungen*.

ii. Das Wort, das in Hebräer 13,1 für Liebe gebraucht wird, ist *philadelphia*. Die Wurzel dieses Wortes ist *philia*. Es bedeutet brüderliche Freundschaft und Zuneigung. Es beschreibt die Art von Liebe, die wir in einer tiefen Freundschaft oder Partnerschaft erfahren. Unter Christen sollte diese Liebe immer reichlich vorhanden sein und sie sollten darin **fest bleiben**.

b. **Vernachlässigt nicht die Gastfreundschaft**: Gastfreundschaft ist eine wichtige Tugend und wird von Christen und Leitern oft gefordert (Römer 12,10-13; 1.Timotheus 3,2; Titus 1,7+8; 1.Petrus 4,9). Die damals existierenden „Hotels" waren berüchtigt für ihre Unmoral. Es war wichtig, dass reisende Christen bei anderen Christen ein offenes Heim vorfanden. Dies war eine praktische Möglichkeit, **in der brüderlichen Liebe fest zu bleiben**.

i. Weil sie ihre Gastfreundschaft bereitwillig anboten, mussten die Christen sich vor den Menschen hüten, die sich nur als Christen ausgaben, um die Großzügigkeit der Nachfolger Jesu auszunutzen. Mit der Zeit begannen dann christliche Leiter ihre Gemeinden zu lehren, wie sie diese Betrüger erkennen konnten.

ii. Der „Didache" war eine Art „Benutzerhandbuch für das Dienen" in den ersten Gemeinden und wurde vermutlich zwischen 90 und 110 nach Christus geschrieben. Dort konnte man nachlesen, wie man einen falschen Propheten, der die Gastfreundschaft der Gemeindeglieder missbrauchte, entlarven konnte.

iii. *„Empfangt jeden Apostel, der zu euch kommt, wie den Herrn. Er soll nicht länger als einen Tag bei euch bleiben. Ist er aber in Not, soll er auch den zweiten Tag bleiben. Wenn er aber drei Tage bleibt, ist er ein falscher Prophet. Wenn der Apostel weggeht, gebt ihm nur Brot mit. (...) Wenn er aber um Geld bittet, ist er ein falscher Prophet. Einen Propheten, der im Geist spricht, sollt ihr nicht versuchen noch richten; denn jede Sünde wird vergeben, aber diese eine Sünde wird nicht vergeben. Aber nicht jeder, der im Geist spricht, ist ein Prophet. Nur der, der an den Wegen des Herrn festhält, ist ein Prophet. Daher soll man den falschen Propheten und den wahren Propheten an seinen Wegen erkennen".* (aus: *The Ante-Nicean Fathers*, Band 7, Seite 380).

c. **Gastfreundschaft**: Wir sollen gegenüber Christen, die wir nicht kennen, gastfreundlich sein. Wenn du deinen beste(n) Freund(in) zum Mittagessen einlädst, ist das toll, aber du erfüllst damit nicht dieses Gebot. Wer in der Gemeinde auf Fremde zugeht, freundlich ist und Gastfreundschaft zeigt, erfüllt dagegen dieses Gebot auf wunderbare Art und Weise.

i. Das griechische Wort für *Gastfreundschaft* (das z.B. auch in Römer 12,13 gebraucht wird) bedeutet wörtlich übersetzt: „Liebe für Fremde". **Brüderliche Liebe** bedeutet Liebe für alle unsere Brüder und Schwestern in Jesus, nicht nur für die, die momentan zu unseren Freunden zählen.

d. **Denn durch sie haben etliche ohne ihr Wissen Engel beherbergt**: Wenn wir anderen Gastfreundschaft erweisen, heißen wir in Wirklichkeit Jesus (Matthäus 25,35) und vielleicht auch Engel willkommen. Abraham (1.Mose 18,1-22) und Lot (1.Mose 19,1-3) haben beispielsweise **ohne ihr Wissen Engel beherbergt**.

e. **Gedenkt an die Gefangenen, als wärt ihr Mitgefangene**: Mit **Gefangenen** sind hier vermutlich in erster Linie die gemeint, die um des Evangeliums willen im Gefängnis waren, aber es kann auch auf alle diejenigen ausgeweitet werden, die im Gefängnis sind. Das ist einfach eine weitere Möglichkeit, **in der brüderlichen Liebe fest zu bleiben**.

2. (4) Ehrt die eheliche Liebe.

Die Ehe soll von allen in Ehren gehalten werden und das Ehebett unbefleckt; die Unzüchtigen und Ehebrecher aber wird Gott richten!

a. **Das Ehebett unbefleckt**: Die Bibel verurteilt Sex außerhalb des Eheversprechens ganz eindeutig (**die Unzüchtigen und Ehebrecher wird Gott richten**). Aber die Bibel feiert gleichzeitig auch die sexuelle Liebe innerhalb des Eheversprechens, wie man im Hohelied sehen kann.

i. „Unzucht und Ehebruch sind im Neuen Testament keine Synonyme: Ehebruch bedeutet, dass jemand seinem Eheversprechen untreu geworden ist. Das Wort, das hier mit ‚Unzucht' übersetzt ist, beschreibt dagegen verschiedene sexuelle Übertretungen". (Bruce)

b. **Die Ehe soll von allen in Ehren gehalten werden und das Ehebett unbefleckt**: Vielleicht fällt vielen der Glaube daran, dass **das Ehebett unbefleckt** sein kann, schwer, wenn sie selbst in ihrer Vergangenheit viel sexuelle Sünde erlebt haben. Schuld und sexuelle Blockaden sind bei Sex außerhalb der Ehe angebracht, aber nicht innerhalb der Ehe. Aber gerade dort treten Schuld und sexuelle Blockaden oft auf und sorgen regelmäßig für Schwierigkeiten.

i. Der Feind unserer Seelen tut was er kann, um Sex *außerhalb* des **Ehebetts** zu ermutigen und er tut gleichzeitig auch alles, was in seiner Macht steht, um den Sex *im* **Ehebett** unattraktiv zu machen. Christen müssen diese Strategie erkennen und dürfen ihr keinen Raum geben.

ii. Obwohl Gott dem Menschen große Freiheit im Ausdruck seiner sexuellen Vorlieben innerhalb der Ehe gegeben hat, soll alles in Liebe und mit einem Bewusstsein für die Bedürfnisse des Ehepartners geschehen (1.Korinther 7,2-5 und Epheser 5,21-33).

3. (5-6) Lerne, zufrieden und nicht habgierig zu sein.

Euer **Lebenswandel** *sei frei* **von Geldliebe!** *Begnügt* **euch mit dem, was vorhanden ist; denn er selbst hat gesagt: „Ich will dich nicht aufgeben und dich niemals verlassen!" So können wir nun zuversichtlich sagen: „Der Herr** *ist* **mein Helfer, und deshalb fürchte ich mich nicht vor dem, was ein Mensch mir antun könnte".**

a. **Euer Lebenswandel sei frei von Geldliebe! Begnügt euch:** Geldliebe und Habgier sind das Gegenteil von *Zufriedenheit*. In unserer heutigen Gesellschaft werden **Geldliebe** und Gier akzeptiert oder sogar verehrt und schlicht „Ehrgeiz" genannt.

b. **Begnügt euch mit dem, was vorhanden ist:** Zufriedenheit hat viel mehr damit zu tun, wer wir in unserem Innern *sind* als mit dem, was wir *haben*. Der Apostel Paulus drückt es in Philipper 4,11-13 gut aus: *„Nicht wegen des Mangels sage ich das; ich habe nämlich gelernt, mit der Lage zufrieden zu sein, in der ich mich befinde. Denn ich verstehe mich aufs Armsein, ich verstehe mich aber auch aufs Reichsein; ich bin mit allem und jedem vertraut, sowohl satt zu sein als auch zu hungern, sowohl Überfluss zu haben als auch Mangel zu leiden. Ich vermag alles durch den, der mich stark macht, Christus".*

i. Der Millionär Bernard Baruch wurde einmal gefragt, wie viel Geld ein Reicher braucht, um zufrieden zu sein. Baruch antwortete: „Nur eine Millionen mehr als er hat".

c. **Ich will dich nicht aufgeben und dich niemals verlassen:** „Ihr, die ihr den griechischen Text kennt, wisst, dass er hier fünf Verneinungen enthält. Im Englischen können wir etwas nicht gleichzeitig auf fünffache Art und Weise verneinen, aber im Griechischen ist das kein Problem. Hier haben die Verneinungen eine fünffache Kraft. Es ist so, als ob hier stehen würde: ‚Ich werde dich nicht, keinesfalls aufgeben; Ich werde dich nicht, wirklich niemals nie verlassen'". (Spurgeon)

i. „Hier steht es: ‚Denn er selbst hat gesagt: Ich will dich nicht aufgeben und dich niemals verlassen'. Das ist der Grund, warum wir nicht habgierig sein brauchen. Es gibt keinen Grund für Habsucht und sie hat hier auch keinen Platz. Es gibt keine Entschuldigung dafür, habgierig zu sein, denn Gott hat gesagt: ‚Ich will dich nicht aufgeben und dich niemals verlassen.' Wir sollen zufrieden sein. Wenn wir nicht zufrieden sind, handeln wir unsinnig, weil der Herr doch gesagt hat: ‚Ich will dich nicht aufgeben und dich niemals verlassen'". (Spurgeon)

ii. „Unter dem Einfluss dieses gewaltigen Textes kann ich dem Zweifel oder der Furcht keinen Raum geben. Ich kann hier heute nicht stehen und mich elend fühlen. Ich werde es noch nicht einmal versuchen. Mit solch einem Text kann man nicht mutlos sein: ‚Ich will dich nicht aufgeben und dich niemals verlassen.' Ich fordere den Teufel selbst hiermit heraus: Er soll doch Umstände nennen, unter denen ich mich elend fühlen soll, wenn dieser Text wahr ist. Kind Gottes, nichts sollte dich unglücklich machen können, wenn du diesen kostbaren Text erfasst hast". (Spurgeon)

d. **So können wir nun zuversichtlich sagen: „Der Herr ist mein Helfer"**: Wahre Zufriedenheit erfahren wir nur dann, wenn darauf vertrauen, dass Gott unsere Bedürfnisse stillt und dass er unsere Sicherheit ist. Merkwürdigerweise fällt es uns oft leichter, Sicherheit und Zufriedenheit in Dingen zu finden, die weit weniger zuverlässig und sicherer sind als Gott selbst.

4. (7) Folge deinen Führern.

Gedenkt an eure Führer, die euch das Wort Gottes gesagt haben; schaut das Ende *ihres* Wandels an und ahmt ihren Glauben nach!

a. **Gedenkt an eure Führer**: Wir sollen gottgefällige Leiterschaft im Leib Christi erkennen und ihr nachfolgen. Diese Leiterschaft legitimiert sich durch Treue zum **Wort Gottes** und durch gottgefälligen **Wandel**.

i. Paulus gab Timotheus einen ähnlichen Rat: *„Habe acht auf dich selbst und auf die Lehre; bleibe beständig dabei! Denn wenn du dies tust, wirst du sowohl dich selbst retten als auch die, welche auf dich hören"* (1.Timotheus 4,16).

b. **Ahmt ihren Glauben nach**: Solche Leiter sollten wir anerkennen (**gedenkt an eure Führer**) und ihnen folgen. Genauso, wie eine Gemeinde gottgefällige Leiter braucht, benötigt sie auch gottgefällige *Nachahmer*.

B. Anweisungen über die Anbetung.

1. (8) Das für immer gültige Prinzip: die unveränderliche Natur Jesu.

Jesus Christus *ist* derselbe gestern und heute und auch in Ewigkeit.

a. **Jesus Christus ist derselbe**: Die unveränderliche Natur Jesu Christi kann man von seiner Göttlichkeit ableiten, selbst wenn sie hier nicht ausdrücklich betont würde. Gott hat sich im Laufe der Zeit nicht verändert. Und Jesus, der auch Gott ist, verändert sich ebenso wenig.

b. **Gestern und heute und auch in Ewigkeit**: Seine unveränderliche Natur gibt uns einen Maßstab für alles christliche Verhalten, besonders in der Schrift und in der Anbetung. Wir sollten nichts völlig „Neues" erwarten, als würde es von einem „neuen Jesus" kommen. Die Natur Jesu, die in der Bibel offenbart wird, ist die gleiche Natur Jesu, die wir heute in der Gemeinde sehen sollten.

2. (9-14) Dem abgelehnten Jesus nachfolgen.

Lasst euch nicht von vielfältigen und fremden Lehren umhertreiben; denn *es ist* gut, dass das Herz fest wird, was durch Gnade geschieht, nicht durch Speisen, von denen die keinen Nutzen hatten, die mit ihnen umgingen. Wir haben einen Opferaltar, von dem diejenigen nicht essen dürfen, die der Stiftshütte dienen. Denn die Leiber der Tiere, deren Blut für die Sünde durch den Hohenpriester in das Heiligtum getragen wird, werden außerhalb des Lagers verbrannt. Darum hat auch Jesus, um das Volk durch sein eigenes Blut zu heiligen, außerhalb des Tores gelitten. So lasst uns nun zu ihm hinausgehen, außerhalb des Lagers und seine Schmach tragen! Denn wir haben hier keine bleibende Stadt, sondern die zukünftige suchen wir.

a. **Lasst euch nicht von vielfältigen und fremden Lehren umhertreiben:** An **vielfältigen und fremden Lehren** gibt es in der Gemeinde nie einen Mangel. Der Autor denkt hier vermutlich im Besonderen an die Rückkehr zu den mosaischen Zeremonien und Gesetzen, die in Jesus erfüllt wurden.

b. **Denn es ist gut, dass das Herz fest wird, was durch Gnade geschieht:** Unsere Herzen können nur **durch Gnade fest werden**. Wir werden durch das Verständnis und die Annahme des unverdienten „Jas" Gottes für uns **gefestigt** und nicht durch die Zustimmung, die wir durch das Halten einer Reihe von Regeln zu erlangen hoffen (**nicht durch Speisen, von denen die keinen Nutzen hatten, die mit ihnen umgingen**).

c. **Wir haben einen Opferaltar, von dem diejenigen nicht essen dürfen, die der Stiftshütte dienen:** Die Juden bezeichneten diese jüdischen Christen vermutlich als „illegitim", weil sie nicht länger nach den levitischen Anordnungen handelten. Aber der Verfasser des Hebräerbriefs beharrt darauf, dass wir einen Opferaltar haben und dass alle, die an den levitischen Opferordnungen festhalten, daran kein Recht haben.

i. Unser **Altar** ist das Kreuz, das Herzstück des christlichen Evangeliums und Verständnisses (1.Korinther 1,18-24 und 1.Korinther 2,1-5).

d. **Jesus hat (…) außerhalb des Tores gelitten. So lasst uns nun zu ihm hinausgehen, außerhalb des Lagers, und seine Schmach tragen:** Wenn unser Erretter abgelehnt und sein Opfer (das am Kreuz, unserem **Altar**, gegeben wurde) als illegitim gebrandmarkt wird, erwarten wir nichts Besseres. Sich mit Jesus identifizieren bedeutet oft, **seine Schmach zu tragen**. Genau das, was viele nicht gerne tun wollen.

i. **Außerhalb des Lagers**: Der Ausdruck „**Lager**" bezieht sich auf das institutionelle Judentum, das Jesus und das Christentum ablehnte. Obwohl diese Christen mit jüdischem Hintergrund dazu erzogen worden waren, alles, was **außerhalb des Lagers** war, als unrein und böse anzusehen, mussten sie Jesus dort folgen.

ii. „Es bedeutet zuerst: Lasst uns Gemeinschaft mit ihm haben. Er war verachtet, niemand schätzte ihn für seine selbstlose Liebe, er wurde auf den Straßen verspottet, er wurde ausgebuht, er wurde von der Gesellschaft gejagt. Wenn ich mich für den ebenen, einfachen Teil entscheide, kann ich keine Gemeinschaft mit ihm haben: Gemeinschaft erfordert ähnliche Erlebnisse". (Spurgeon)

iii. „Ihr seht, euer Meister hatte ein bedauernswertes Leben. Der Schmutz aus allen Gassen der Welt wurde von frevlerischen Händen auf ihn geworfen. Kein Nachruf war rau genug, keine Bedingung hart genug, die Trunkenbolde sangen ihre Lieder über ihn und wer in den Toren saß sprach gegen ihn. Dies war die Schmach Christi und wir sollten uns nicht wundern, wenn es uns auch so ergeht. ‚Also', sagt jemand, ‚Ich will kein Christ sein, wenn ich so etwas ertragen muss.' Dann verzieh dich in deine eigene Verdammung, du Feigling; aber wehe dir! Ich bete, dass alle, die Gott lieben und die nach der ewigen Belohnung streben, nicht vor diesem Kreuz zurückschrecken. Wir müssen es zulassen". (Spurgeon)

iv. „Wenn du dich bei den Bösen aufhalten kannst, wenn du so wie sie leben kannst und wenn du dich in der Gesellschaft derer, die nicht gottgefällig leben, wie zu Hause fühlst, wenn ihre Methoden deine Methoden sind, wenn ihre Vergnügungen deine Vergnügungen sind, dann ist ihr Gott dein Gott und du bist einer von ihnen. Man kann kein Christ sein, ohne dass man aus dem Lager der Welt ausgeschlossen wird". (Spurgeon)

e. **Denn wir haben hier keine bleibende Stadt, sondern die zukünftige suchen wir**: Die schwierige Aufgabe, **seine Schmach zu tragen**, wird leichter, wenn wir uns daran erinnern, dass die Stadt oder Gesellschaft, aus der wir ausgeschlossen sind, zeitlich ist. Wir **suchen** und gehören zu der bleibenden Stadt, die noch kommen wird.

i. Wenn wir **seine Schmach tragen**, erleben wir große Schwierigkeiten und großes Leiden. Die gute Nachricht ist, dass für die, welche **seine Schmach** tragen, diese Welt das *schlimmste* ist, das sie jemals erleben werden. Für Feiglinge, die Jesus den Rücken zukehren, ist dieses Leben das *allerbeste*, das sie jemals erleben werden.

3. (15-16) Unser Opfer.

Durch ihn lasst uns nun Gott beständig ein Opfer des Lobes darbringen, das ist die Frucht der Lippen, die seinen Namen bekennen! Wohlzutun und mitzuteilen vergesst nicht, denn solche Opfer gefallen Gott wohl!

a. **Durch ihn lasst uns nun Gott beständig ein Opfer des Lobes darbringen**: Weil wir einen *Altar* (das Kreuz) und einen Hohepriester (Jesus) haben, sollen wir beständig Opfer darbringen. Damit sind aber nicht die blutigen Opfer des Alten Bundes, sondern das **Opfer des Lobes**, die **Frucht der Lippen**, gemeint.

i. Der Verfasser des Hebräerbriefes erklärt, was wahre Anbetung beinhaltet.

⁓ Anbetung, die Gott gefällt, wird **durch ihn** geopfert, **durch** Jesus Christus. Auf der Grundlage seiner Gerechtigkeit und der Tatsache, dass er Gott wohlgefällig war.

⁓ Anbetung, die Gott gefällt, wird **beständig** geopfert, so dass wir ihn immer anbeten.

⁓ Anbetung, die Gott gefällt, ist ein **Opfer des Lobes**, weil sie uns vielleicht etwas kostet oder unbequem ist.

⁓ Anbetung, die Gott gefällt, ist **die Frucht der Lippen**, mehr als nur an Gott gerichtete Gedanken. Sie wird an den Herrn gerichtet, entweder als Prosa oder Lied. „Was von den Lippen ausgeht wird als *Frucht* betrachtet, die den Charakter der Quelle offenbart, genauso, wie die Frucht eines Baumes die Natur des Baumes offenbart". (Guthrie)

ii. „Liebende Herzen müssen sprechen. Was würde man von einem Ehemann denken, der nie den Impuls verspürt, seiner Frau zu sagen, wie kostbar sie für ihn ist? Oder was würde man von einer Mutter denken, die nie das Bedürfnis verspürt, die Zärtlichkeit ihres Herzens offen zulegen und über dem kleinen Baby, das sie an ihr Herz drückt, leise zu summen? Mir scheint, dass ein stummer Christ, jemand, der für das Opfer Christi dankbar ist, aber nie das Bedürfnis verspürt, dies zu artikulieren, genauso eine Ausnahmeerscheinung ist wie die, die ich gerade beschrieben habe". (Maclaren)

iii. „So, wir sollen also unsere Anbetung *äußern*. Es ist nicht genug, anbetende Gefühle zu *verspüren*". (Spurgeon)

b. **Wohlzutun und mitzuteilen vergesst nicht; denn solche Opfer gefallen Gott wohl**: Anbetung ist nicht das einzige Opfer, das Gott gefällt. Es gefällt Gott auch sehr, wenn wir anderen **wohl tun** und **teilen**. Anbetung und Lobpreis sind wichtig, aber die Verpflichtung des Christen geht darüber hinaus.

4. (17) Folgt euren Leitern.

Gehorcht euren Führern und fügt euch ihnen; denn sie wachen über eure Seelen als solche, die einmal Rechenschaft ablegen werden, damit sie das mit Freuden tun und nicht mit Seufzen; denn das wäre nicht gut für euch!

  a. **Gehorcht euren Führern und fügt euch ihnen**: Wir sollen uns den Leitern **fügen**, die Gott uns gegeben hat (unter der Voraussetzung, dass sie den Charakter haben, der in Hebräer 13,7 beschrieben wird). Ganz schlicht wird uns hier gesagt, dass wir unseren **Führern gehorchen** sollen. Wenn sie in der Autorität des Wortes Gottes sprechen, *haben* Führer das Recht uns zusagen, wie wir leben und wie wir Gott nachfolgen sollen.

  i. Traurigerweise sind einige in der Lehre der Unterordnung in der Gemeinde zu weit gegangen und kontrollieren die Gemeindebesucher zu stark. „Ein Lehrer sollte uns dazu anleiten, dass wir uns Gott fügen und unterordnen und nicht dem Lehrer selbst". (Chuck Smith)

  b. **Als solche, die einmal Rechenschaft ablegen werden**: Wir gehorchen unseren Leitern und fügen uns ihnen, weil Gott sie in eine Position der Verantwortung über uns gestellt hat. Natürlich bedeutet das nicht, dass der Einzelne nicht mehr selbst verantwortlich ist, aber es bedeutet, dass Leiter eine zusätzliche Verantwortung haben.

  c. **Damit sie das mit Freuden tun und nicht mit Seufzen; denn das wäre nicht gut für euch**: Kooperatives Verhalten ist nicht nur eine Freude für die Leiter, sondern auch der ganze Leib profitiert davon. Um *unser selbst willen* sollten wir den von Gott eingesetzten Leitern gehorchen und uns ihnen fügen.

C. Abschließende Anmerkungen.

1. (18-19) Eine Bitte um Gebet.

Betet für uns! Denn wir verlassen uns darauf, dass wir ein gutes Gewissen haben, da wir in jeder Hinsicht bestrebt sind, uns richtig zu verhalten. Um so mehr aber ermahne ich *euch*, dies zu tun, damit ich euch desto schneller wieder geschenkt werde.

  a. **Betet für uns**: Der Verfasser des Hebräerbriefes hielt es für wichtig, dass andere für ihn beteten. Wir alle brauchen die Gebete anderer und sollten dafür dankbar sein.

  i. Das Wort „**betet**" steht im Griechischen im *Präsens Imperativ*. Dies bedeutet dauerhafte Aktivität und impliziert, dass sie bereits für den Verfasser dieses Briefes beteten.

  b. **Damit ich euch desto schneller wieder geschenkt werde**: Verschiedene Hindernisse hielten den Verfasser davon ab, wieder mit seinen Lesern vereint zu sein. Er wusste, dass Gebet diese Hindernisse entfernen konnte.

i. **Um so mehr aber ermahne ich euch**: Für den Verfasser des Hebräerbriefs war klar, dass ihre Gebete entschieden, *ob* und *wann* er wieder mit ihnen vereint würde. Dies zeigt, wie ernst er ihre Gebete für ihn nahm.

2. (20-21) Ein Segen wird verkündet.

Der Gott des Friedens aber, der unseren Herrn Jesus aus den Toten heraufgeführt hat, den großen Hirten der Schafe durch das Blut eines ewigen Bundes, er rüste euch aus zu jedem guten Werk, damit ihr seinen Willen tut, indem er in euch das wirkt, was vor ihm wohlgefällig ist, durch Jesus Christus. Ihm *sei* die Ehre von Ewigkeit zu Ewigkeit! Amen.

a. **Der Gott des Friedens aber**: Dieser Segen ist im gleichen Stil verfasst wie der priesterliche Segen aus 4.Mose 6,22-27: *„Der HERR segne dich und behüte dich! Der HERR lasse sein Angesicht leuchten über dir und sei dir gnädig! Der HERR erhebe sein Angesicht auf dich und gebe dir Frieden"*.

i. Nachdem er seine Leser gebeten hatte, für ihn zu beten, betet der Verfasser des Hebräerbriefes nun für seine Leser. „Der Apostel forderte die hebräischen Gläubigen mit folgenden Worten auf, für ihn zu beten: ‚Betet für uns!' Und dann, wie um ihnen zu zeigen, dass er nichts von ihnen erbittet, was er nicht auch bereit ist, selbst zu geben, spricht er dieses absolut wunderbare Gebet für sie. Er kann zuversichtlich zu seiner Versammlung sagen: ‚Betet für mich', weil seine Seele aufrichtig für sie betet". (Spurgeon)

b. **Der Gott des Friedens aber**: In diesem Segen wird Gott für seine Eigenschaften gelobt: Frieden, Macht (der unseren Herrn Jesus aus den Toten heraufgeführt hat), liebende Fürsorge (der große Hirte) und für immer gebende Liebe (das Blut des ewigen Bundes).

i. Manche denken, der Ausdruck „**ewiger Bund**" bezeichne den **Bund**, der vor Grundlegung der Welt zwischen den Personen der Dreieinigkeit, die zusammen für die Rettung der Menschheit arbeiteten, existierte. Andere Bibelstellen, die möglicherweise auch über diesen **ewigen Bund** sprechen, sind Offenbarung 13,8; Epheser 1,4 und 2.Timotheus 1,9.

ii. Andere wiederum denken, der Ausdruck „**ewiger Bund**" sei einfach ein anderer Name für den Neuen Bund.

c. **Er rüste euch aus zu jedem guten Werk**: Dies drückt den Wunsch nach Segen aus, dass Gott durch Jesus Christus in euch wirkt.

3. (22-25) Abschluss des Briefes an die Hebräer.

Ich ermahne euch aber, ihr Brüder, nehmt das Wort der Ermahnung an; denn ich habe euch mit wenigen Worten geschrieben. Ihr sollt wissen, dass

der Bruder Timotheus freigelassen worden ist; wenn er bald kommt, will ich euch mit ihm besuchen. Grüßt alle eure Führer und alle Heiligen! Es grüßen euch die von Italien! Die Gnade *sei* mit euch allen! Amen.

a. **Nehmt das Wort der Ermahnung an; denn ich habe euch mit wenigen Worten geschrieben**: Der Verfasser des Hebräerbriefes erinnert uns an seine Absicht. Er wollte ein Wort der Ermahnung schreiben, um entmutigte Christen zu ermutigen, sowohl damals als auch heute.

i. In Apostelgeschichte 13,15 bezieht sich der Ausdruck „**Wort der Ermahnung**" auf eine Predigt. Vielleicht meint der Verfasser des Hebräerbriefes hier in Hebräer 13,22, dass er seinen Lesern eine niedergeschriebene Predigt gibt.

b. **Ihr sollt wissen, dass der Bruder Timotheus freigelassen worden ist; wenn er bald kommt, will ich euch mit ihm besuchen**: Diese letzten Worte geben uns einige spannende Hinweise auf die Identität des Verfassers. Allerdings erfahren wir hier nur, dass der Autor Timotheus kannte und dass er plante, seine Leser bald zu besuchen. Außerdem wird klar, dass seine Leser in Italien waren (es grüßen euch die von Italien), vermutlich in der Stadt Rom.

c. **Die Gnade sei mit euch allen**: Dies ist ein passendes Ende für ein Buch, dass das Ende des Alten Bundes und die Einsetzung des Neuen Bundes dokumentiert. Ja, die Gnade sei mit euch allen, durch das, was Gott uns gegeben hat in Jesus Christus, dem höchsten Retter. Amen!

Literaturverzeichnis zum Hebräerbrief

Dies ist eine Auflistung der Bücher, die in diesem Kommentar zitiert werden. Natürlich gibt es viele weitere hilfreiche Auslegungen zum Hebräerbrief, aber die hier aufgeführten sollen dem Leser helfen, der weitere Studienhilfen sucht.

Alford, Henry *The New Testament for English Readers*, Band II, Part II (London: Rivingtons, 1869)

Barclay, William *The Letter to the Hebrews* (Philadelphia: Westminster Press, 1975)

Barnes, Albert *Barnes on the New Testament: Hebrews* (Grand Rapids, Michigan: Baker Book House, 1975)

Brown, John *The Epistle to the Hebrews* (Edinburgh, Great Britain: The Banner of Truth Trust, 1983 reprint of 1862 edition)

Bruce, A.B. *The Epistle to the Hebrews* (Minneapolis, Minnesota: Klock & Klock Christian Publishers, 1980 reprint of 1899 edition)

Bruce, F.F. *The Epistle to the Hebrews* (Grand Rapids, Michigan: Eerdmans Publishing Company, 1964)

Calvin, John *Hebrews and I and II Peter*, translated by W.B. Johnston (Grand Rapids, Michigan: Eerdmans, 1963)

Clarke, Adam *The New Testament with A Commentary and Critical Notes, Volume II* (New York: Eaton & Mains, 1831)

Dods, Marcus "The Epistle to the Hebrews" *The Expositor's Greek Testament, Volume IV* (London, Hodder and Stoughton Limited: ?)

Guthrie, Donald *Hebrews* (Grand Rapids, Michigan: Eerdmans Publishing Company, 1983)

Lenski, R.C.H. *The Interpretation of The Epistle to the Hebrews and The Epistle of James* (Minneapolis, Minnesota: Augsburg Publishing House, 1966) Lightfoot,

J.B. St. Paul's Epistles to the Colossians and to Philemon (Lynn, Massachusetts: Hendrickson Publishers, 1982)

Maclaren, Alexander *Expostions of Holy Scripture, Volume Fifteen* and *Expositions of Holy Scripture, Volume Sixteen* (Grand Rapids, Michigan: Baker, 1984)

Meyer, F.B. *The Way Into the Holiest: Expositions of the Epistle to the Hebrews* (Fort Washington, Pennsylvania: Christian Literature Crusade, 1982)

Morgan, G. Campbell *An Exposition of the Whole Bible* (Old Tappan, New Jersey: Revell, 1959)

Morris, Leon "Hebrews" *The Expositor's Bible Commentary Volume 12* (Grand Rapids, Michigan: Zondervan Publishing House, 1981)

Morris, Leon "1 Timothy-James" *Daily Bible Commentary, Romans to Revelation* (Philadelphia, A.J. Holman Company: 1974)

Newell, William R. *Hebrews Verse-by-Verse* (Chicago: Moody Press, 1947)

Owen, John *Hebrews: The Epistle of Warning* (Grand Rapids, Michigan: Kregel, 1985)

Poole, Matthew *A Commentary on the Holy Bible, Volume III: Matthew-Revelation* (London: Banner of Truth Trust, 1969, first published in 1685)

Robertson, Archibald T. *Word Pictures in the New Testament, Volume V* (Nashville: Broadman Press, 1933)

Smith, Chuck *New Testament Study Guide* (Costa Mesa, California: The Word for Today, 1982)

Spurgeon, Charles Haddon *The New Park Street Pulpit, Volumes 1-6* and *The Metropolitan Tabernacle Pulpit, Volumes 7-63* (Pasadena, Texas: Pilgrim Publications, 1990)

Trapp, John *A Commentary on the Old and New Testaments, Volume Five* (Eureka, California: Tanski Publications, 1997)

Vincent, Marvin R. *Vincent's Word Studies of the New Testament, Volume IV* (McLean, Virginia: MacDonald, ?)

Wiersbe, Warren W. *The Bible Exposition Commentary, Volume 2* (Wheaton, Illinios: Victor Books, 1989)

Diesen Bibelkommentar widme ich den wunderbaren Menschen der Calvary Chapel in Siegen, die für unsere Familie ein großer Segen gewesen sind. Ihre Liebe und Gnade, die sie uns gegenüber gezeigt haben, sind ein großartiges Beispiel dafür, wie der Leib Christi sein sollte.

Besonders jedoch bin ich Tanja Menn dankbar, die dieses Buch in sehr mühevoller und professioneller Arbeit übersetzt hat. Danke Tanja!

Mein großer Dank gilt all denen, die mir bei der Vorbereitung dieses Kommentars geholfen haben. Im letzten Jahr haben wir als Familie große Veränderungen erlebt und ich bin sehr dankbar für meine Frau Inga-Lill und meine Kinder, die mich in allem sehr unterstützt haben.

Nach mehr als 20 Jahren als Pastor in Kalifornien, ging David Guzik mit seiner Familie im Januar 2003 nach Deutschland, um die Calvary Chapel Bibelschule in Siegen zu leiten.

David und seine Frau Inga-Lill leben in Siegen, Deutschland.